ANARCO NICHILISMO

Un manifesto per la disillusione

A quel boom sonico
d'utopia innominabile
di tempi lontani.

FaTe eco,
ancora,
in ogni riga
che non ho scritto.

3

Indice

Premessa

Presentandosi il *manifesto*, in alcune delle sue molteplici definizioni, come "*programma politico o culturale elaborato e lanciato nell'ambito di gruppi per i quali una comune presa di coscienza ponga esigenze divulgative e propagandistiche*"(1) o "*dichiarazione pubblica (in genere espressa in forma di opera letteraria o lettera aperta) che definisce ed espone i principi e gli obiettivi di un movimento o di una corrente politica, religiosa o artistica e di coloro che decidono di aderirvi*"(2), questo testo viene scritto con l'intenzione di abbracciare il senso più generico della parola. Come vedremo, l'Anarchia nasce ai margini della società per ribellarsi ad essa, restando volutamente indefinita e indefinibile; tentare di incasellare una qualsiasi sua declinazione, soprattutto quella presa in esame qui, negli stretti parametri di un classico manifesto sarebbe, quindi, ignorante e controproducente.

Il termine "*manifesto*" qui va quindi inteso in senso più ampio, ossia come una semplice riorganizzazione delle idee di base di una corrente per offrirne una lettura più chiara a chi ci si approccia per la prima volta.
Inoltre, questo testo va quindi inteso come una scrematura, semplificata, delle linee generali di un'idea, **non** come guida su come agire in merito a essa. Soprattutto perché quella qui trattata, *l'anarco nichilismo*, è, probabilmente, quella libera, antiautoritaria e senza alcun tipo di regola o linea guida per eccellenza.

Il motivo per cui questo testo ha preso vita è, quindi, quello di offrire semplicemente un'immagine più chiara di un ideale sempre risultato confuso e inconsistente ai più; se da un lato quasi *deve* essere così, dall'altro penso che costruirne un quadro generale (sempre a libera interpretazione), cosa difficilmente mai fatta finora, possa essere estremamente utile per non perdere un testamento intellettuale di grande importanza da cui tutti, e dico *tutti*, potremmo imparare qualcosa.

Infine, lo scritto si presenta *volutamente* generico e, relativamente, poco approfondito, in linea con lo scopo del classico manifesto (introduzione breve ma esaustiva dei princìpi base di un argomento) e il carattere appositamente fluido e libero dello spirito anarchico, in particolare quello anarco nichilista.

Frutto di un lungo e sodo lavoro, spero possa tornare utile.
Avrei un solo consiglio su come approcciarsi alle pagine che seguono: *lasciate ogni sovrastruttura o voi ch'entrate*.

Buona lettura,
Dece.

7

Ora fra il rogo ardente delle mie Idee anch'io son diventato di fiamma; e scotto, brucio, corrodo... A me devono accostarsi soltanto coloro che gioiscono contemplando ardenti vulcani che lanciano verso le stelle le lave sinistre esplodenti dal loro seno di fuoco [...] Io mi dichiaro in guerra aperta, palese e nascosta contro la Società: contro ogni Società!

-Renzo Novatore, Iconoclasta!,.

Capitolo 1

Anarchia e nichilismo: la dimensione politica

Cos'è l'anarchia

Cos'è l'anarchia?

Per comprendere l'*anarco nichilismo* dobbiamo prima assimilare il concetto espresso dalle due parole che lo compongono: *anarchia* e *nichilismo*.

Cos'è l'anarchia? è una domanda semplice quanto complessa, sensata quanto controproducente.

Cerchiamo di arrivare a una conclusione di base semplice, accessibile a tutti, ma non per questo distorta in nome dell'ipersemplificazione, effetto di cui la parola *anarchia* risente già in abbondanza.

Anarchia, dal greco άναρχία, significa "*mancanza di governo, come stato di fatto, sia per assenza di un valido potere a causa di rivoluzioni, sia per inefficienza dell'esercizio del potere da parte di coloro che ne sono investiti* (3)"; troviamo, tuttavia, anche un'altra accezione del termine, secondo cui "*per estens., disordine, confusione, stato di un*

luogo dove ciascuno agisce a suo arbitrio e senza ordine o regola".
Questo consultando *Treccani.it*.
Anche la prima definizione che *Google* fornisce ricercando "*anarchia*", offerta da *Oxford languages*, constata "*assenza di ordine, governo, autorità; estens., confusione, disordine caotico (4)"*.

C'è quindi una confusione nell'indicare per cosa stia *anarchia* che passa facilmente inosservata all'occhio comune, ma che è, in realtà, profondamente grave.

Andiamo passo per passo.
Premessa: faremo questo percorso secondo una lente prettamente concettuale, filosofica. Prendere in esame tutte le forme di anarchia politica risulterebbe in molto fumo e poco arrosto, e non ci aiuterebbe a capire di cosa stiamo concretamente parlando alla base più profonda.

Il termine *anarchia* deriva dal greco antico, e la sua analisi etimologica (ἀναρχία, ἀν, *senza* + ἀρχή, *principio o origine; o* ἀν, *senza* + ἀρχός, *sovrano o potere; o* ἀν, *senza* + ἄρχω, *comandare* [5]) è, fondamentalmente, sinonimo di quella di *acrazia* (*alfa privativo* + κρατία, *di nomi come* δημοκρατία *e sim., der. di* κράτος *«potere»,* κρατέω *«dominare»* [6]), che vuol dire "assenza di potere, di dominio, di *esercizio del potere (7)"*.

Notate, quindi, come in sé l'assenza di governo, di un dominio dall'alto, <u>non</u> *implichi necessariamente* un'assenza di ordine. Una constatazione così apparentemente distopica è in realtà fondata su basi salde, che sono quelle della storia, della sociologia e dell'antropologia, che dimostrano come l'uomo sia sempre stato in grado di autoregolare la propria vita in modo autonomo e al contempo comunitario.
Charles Darwin stesso studiò il carattere sociale degli animali, umane e non, arrivando alla conclusione che non solo la socialità aiuti l'evoluzione, ma che una specie sia più sociale quanto più evoluta.

L'idea che l'uomo non possa esistere in relazione con altri individui della sua specie senza un governo a far da mediatore è un prefabbricato prettamente coloniale e occidentale.

Prima delle avventure di conquista di Spagna e Portogallo e della scoperta dell'America, le comunità indigene sono sempre riuscite a convivere in armonia secondo dettami forniti da loro stesse, in un'organizzazione orizzontale ed egualitaria.

Non è neanche vero che questo equivalesse a un grado di sviluppo e civilizzazione inferiore: per essere qualcosa inferiore o maggiore (ma anche uguale), deve necessariamente avere un termine di paragone, che in questo caso era costituito dalla civiltà dell'Uomo bianco. Di conseguenza, non c'è mai stato un parametro oggettivo secondo cui determinare il grado di civiltà d'un popolo, ma solo quello relativo degli europei.

Il grado di evoluzione delle società extraeuropee e, in un certo senso, extracivili è, inoltre, grande oggetto di studio, e le conclusioni che se ne traggono dimostrano ampiamente quello detto in precedenza.

Per fare un esempio, citando *John Zerzan*, in *Futuro Primitivo (2001)*:

"Ora apprendiamo che per lungo tempo la vita umana non solo non conosceva l'alienazione e il dominio, ma che gli esseri umani di quel periodo, come dimostrano le ricerche condotte fin dagli anni ottanta da archeologi come John Fowlett, Thomas Wynn e altri, possedevano capacità intellettive come minimo uguali alle nostre: un altro colpo fondamentale inferto alla civilizzazione.

Dopo una simile batosta, qual è stata, la tesi dell'ignoranza dev'essere accantonata, per esaminare le nostre origini sotto una nuova luce. Per inserire nel contesto la questione della capacità intellettiva è utile esaminare le varie interpretazioni, pesantemente ideologiche, dell'origine e dello sviluppa dell'umanità. Robert Ardrey (1961, 1976) ci presenta una visione della preistoria sanguinaria e maschilista, così come fanno, seppure in tono minore, Desmond Morris e Lionel Tiger. Analogamente, Sigmund Freud e Konrad Lorenz scrissero dell'innata depravazione della specie fornendo così il loro contributo ad un presente gerarchico e opprimente.

Fortunatamente, è emerso un punto di vista assai più plausibile, che corrisponde alla visione complessiva della vita nel paleolitico. La condivisione del cibo è stata considerata per lungo tempo come parte integrante delle prime società umane (cfr. Washburn e De Vore 1961), Jane Goodall (1971) e Richard Leakey (1978), tra gli altri, sono giunti alla conclusione che si è trattato del principale elemento determinante nel nostro sviluppo tipico di homo a partire da almeno due milioni di anni fa. (8)"

Le comunità extraeuropee che sono riuscite, in qualche modo, a sfuggire alla furia parassitaria dell'imperialismo occidentale sono, relativamente, poche, ma dimostrano alla perfezione come non solo sia possibile immaginare una vita al di fuori delle gabbie governative, ma *concretamente realizzabile.*
Queste società ci insegnano anche la relatività di alcuni concetti cardine nella vita Bianca e colonizzatrice, come quelli di sesso e genere, ma questo è un altro discorso.

L'equazione secondo cui *assenza di governo* = caos è un'operazione prettamente coloniale, che si presenta a pennello secondo le teorie di *Hannah Arendt* dell'*ideologia* nei totalitarismi:

"Un'ideologia è letteralmente quello che il suo nome sta a indicare: è la logica di un'idea. La sua materia è la storia, a cui l'«idea» è applicata; il risultato di tale applicazione non complesso di affermazioni su qualcosa che è, bensì lo svolgimento di un processo che muta di continuo. L'ideologia tratta il corso degli avvenimenti come se seguisse la stessa «legge» dell'esposizione logica della sua «idea». Essa pretende di conoscere i misteri dell'intero processo storico, i segreti del passato, l'intrico del presente, le incertezze del futuro in virtù della logica inerente alla sua idea».

Le ideologie non si interessano mai del miracolo dell'essere. Sono storiche, si occupano del divenire e del perire, dell'ascesa e del declino delle civiltà, anche se cercano di spiegare la storia con qualche «legge di natura». (...)

L'« idea» di un'ideologia non è l'eterna essenza di Platone, afferrata dagli occhi della mente, né il kantiano principio regolativo della ragione, ma è diventata uno strumento di interpretazione. La storia non appare alla luce di un'idea (quindi sub specie di eternità ideale al di là del movimento storico), ma come qualcosa che può essere calcolato per mezzo di essa. Quel che adatta la «idea» al nuovo ruolo è la sua logica intrinseca, il processo che scaturisce da essa ed è indipendente da qualsiasi fattore esterno. (...)

Si suppone che il movimento della storia e il processo logico del concetto corrispondano l'uno all'altro, di modo che quanto avviene, avviene secondo la logica di un'«idea». Tuttavia, l'unico movimento possibile nel regno della logica è il processo di deduzione da una premessa. La logica dialettica, col suo procedere dalla tesi all'antitesi e poi alla sintesi, che a sua volta diventa la tesi del successivo movimento dialettico, non è diversa in linea di principio, una volta che un'ideologia se ne impadronisca; la prima tesi diventa la premessa, e il vantaggio del congegno dialettico per la spiegazione ideologica è che può giustificare le contraddizioni di fatto come stadi di un unico movimento coerente.
Appena la logica come movimento di pensiero suo necessario controllo viene applicata a un'idea, questa si trasforma in una premessa. Le visioni ideologiche del mondo hanno compiuto questa operazione molto prima che diventasse così fruttuosa per il ragionamento totalitario. La coercizione puramente negativa della logica, la messa al bando delle contraddizioni, diventava «produttiva», di modo che tutta una linea di pensiero poteva essere iniziata, e imposta alla mente, traendo conclusioni nella maniera della mera argomentazione. Questo processo argomentativo non poteva essere interrotto né da una nuova idea (che sarebbe stata un'altra premessa con una diversa serie di conseguenze) né da una nuova esperienza. Le ideologie ritengono che una sola idea basti a spiegare ogni cosa nello svolgimento dalla premessa, e che nessuna esperienza possa insegnare alcunché dato che tutto è compreso in questo processo coerente di deduzione logica. (...)

Esse (le idee) si occupano in ogni caso soltanto dell'elemento di movimento, cioè della storia nel senso usuale della parola. Sono sempre orientate verso la storia anche quando, come nel caso del razzismo, partono dalla premessa della natura; questa serve semplicemente a spiegare i fatti storici riducendoli a fatti naturali. Ci si ripromette di far luce su tutti gli avvenimenti storici, di ottenere una spiegazione totale del passato, una completa valutazione del presente, un'attendibile previsione del futuro. In secondo luogo, il pensiero ideologico diventa indipendente da ogni esperienza, che non può comunicargli nulla di nuovo neppure se si tratta di un fatto appena accaduto. Emancipatosi così dalla realtà percepita coi cinque sensi, esso insiste su una realtà «più vera», che è nascosta dietro le cose percettibili, dominandole tutte, e che si avverte soltanto disponendo di un sesto senso. Questo è fornito appunto dall'ideologia, da quel particolare indottrinamento che viene impartito negli istituti appositamente creati per l'educazione di «soldati politici», nelle Ordensburgen naziste o nelle scuole del Comintern e del Cominform. Anche la propaganda del movimento totalitario serve a staccare il pensiero dall'esperienza e dalla realtà, sforzandosi sempre di attribuire un significato segreto ad ogni avvenimento pubblico e un intento cospirativo ad ogni atto politico. Una volta giunto al potere, il movimento procede a mutare la realtà secondo i suoi postulati ideologici. (...)

In terzo luogo, poiché non hanno alcun potere di trasformare la realtà, le ideologie ottengono tale emancipazione del pensiero dall'esperienza ricorrendo a certi metodi di dimostrazione. Esse ordinano i fatti in un meccanismo assolutamente logico che parte da una premessa accettata in modo assiomatico, deducendone ogni altra cosa; procedono così con una coerenza che non esiste affatto nel regno della realtà. La deduzione può avvenire logicamente o dialetticamente; in entrambi i casi comporta un'argomentazione uniforme che, in quanto pensiero in termini di processo, dovrebbe essere in grado di comprendere il movimento dei processi sovrumani, naturali o storici. La comprensione ha luogo perché l'intelletto imita, logicamente o dialetticamente, le leggi dei movimenti «scientificamente» accertati e con l'imitazione si inserisce in essi. (9)".

Semplificando, uno degli elementi portanti del totalitarismo, evento completamente nuovo nel corso della storia umana, è l'*ideologia*, ossia la tendenza a iper semplificare la realtà per dare ai cittadini una parvenza di chiarezza, certezza, e annichilire la loro capacità intellettiva e critica. *Arendt* prende ad esempio l'antisemitismo nella Germania nazista, elemento a cui *Hitler* riduceva tutto il degrado del suo Impero, quando la realtà era decisamente più profonda.

In senso analogo, la forza totalizzante del colonialismo (e successivamente imperialismo) è riuscita a convincere, in modo iper riduttivo, il mondo intero che l'unica dimensione entro la quale si possa e debba esistere sia quella statale; da qualsiasi altra forma di organizzazione deriverebbe un mortale e incontrollabile caos.

Il carattere fallace di questa equivalenza è, però, subdolamente, sottolineato anche dalle definizioni di anarchia precedentemente citate: *Treccani* la sottolinea come "per estensione", e *Oxford languages*, anche se in modo più confusionario, fa lo stesso, precedendo *"assenza di governo (...)"* con *"generic."*.

Abbiamo dunque compreso che *anarchia = assenza di governo*, <u>*non*</u> presenza di *caos*.
Come disse *Fabrizio de Andrè*: *"L'anarchia non è fare quello che ti pare, l'anarchia è darsi delle regole prima che te le diano gli altri.".*

Ho detto prima che non prenderemo in esame tutte le varie correnti di anarchia politica che esistono, sia per i fattibilità, sia perché poco inerenti al mio discorso, ma un appunto dobbiamo farcelo, su questo.

Avete notato come esistano centinaia di declinazioni del non-ideale anarchico, ma ciò non valga in egual modo per le altre ideologie politiche, come quella comunista?
In questo giace il fulcro del nostro discorso, la chiave finale per accedere alla risposta a *Cos'è l'anarchia?* con cui abbiamo aperto questa sezione.

C'è un solo, semplice motivo per cui ci troviamo davanti a una situazione così particolare: mentre ideologie come il comunismo si sviluppano a partire dai princìpi per cui sono a favore, quella anarchica cresce a partire da *ciò per cui è contro*.

Il comunismo ha dei dettami ben specifici, che ne costituiscono una base ben salda: abolizione della proprietà privata e dello Stato borghese, ridistribuzione del lavoro secondo un modello più equo, umano e orizzontale, dissimulazione delle classi sociali tramite un processo fatto di fasi ben distinte, a partire dalla dittatura del proletariato, e via dicendo. L'*Anarchia*, invece, si dirama a partire da una sola premessa: *è un non-ideale contrario alle gerarchie e alle autorità illegittime e oppressive. Fine.*

Ciò che cambia ogni volta è il *modo*, il mezzo, tramite cui questa opposizione si manifesta.

La chiamiamo *non-ideale* proprio perché non si propone come un insieme di concetti secondo cui agire e da trattare come guida verso un fine ultimo, ma, anzi, come uno spunto generico tramite cui muoversi e sviluppare, eventualmente, una propria idea.

L'anarchia è ciò.

Qualsiasi cosa vada oltre risulterebbe sacrilega, e già darle una definizione del genere è stato non solo difficile, ma l'ho quasi sentito come sbagliato.

Per questo vi ho avvisati, *lasciate ogni sovrastruttura voi ch'entrate*: se il comunismo punta alla decostruzione delle attuali sovrastrutture per una società che possa tirarne su di nuove e autonomamente, l'Anarchia nasce dalla *distruzione della nozione di sovrastruttura stessa*.

Questa è l'unica premessa che serve comprendere per poter davvero assimilare ciò che segue nel prossimo paragrafo, da cui, gradualmente, approfondiremo questo concetto che siamo riusciti, finalmente, a delineare.

Cos'è il nichilismo

Se *anarchia* è la mamma delle definizioni fraintese e iper semplificate, *nichilismo* ne è il figlio.

Se il problema della prima risiede nella moltitudine di definizioni vaghe ed errate che da secoli le vengono appioppate, riducendola ad un Nulla fondamentale, quello del secondo è proprio il contrario: c'è *una* sola definizione a cui viene solitamente associato, ed è *dolorosamente* riduzionistica.

Nichilismo viene spesso inteso come un modo di vivere la vita pessimistico e basato sull'insensatezza della vita e qualsiasi cosa che la riguardi, che porta l'individuo a non credere e interagire più in nulla perché inutile.

Anche se c'è un *piccolo* fondo di verità nella definizione precedente, c'è una buona notizia: non è quella, potremmo dire, istituzionalizzata.

Basta una breve ricerca, infatti, per trovarsi di fronte a "*Ogni posizione filosofica che concepisca la realtà in genere o alcuni suoi aspetti essenziali, dai valori etici alle credenze religiose, dalla verità all'esistenza, nella loro nullità.*
PARTICOLARMENTE
-Movimento russo della seconda metà dell'Ottocento, negatore della morale tradizionale e propugnatore della soppressione violenta dell'ordinamento sociale e politico.
-Nichilismo attivo, nella filosofia di F. Nietzsche (1844-1900), quello che promuove e accelera il processo di distruzione degli ideali tradizionali, per rendere possibile l'affermazione di nuovi valori. (10)".
O ancora: "*Nel linguaggio filosofico, con il termine nichilismo (dal latino nihil «nulla») si indicano tutte le dottrine che negano completamente i valori e i significati elaborati dai diversi sistemi religiosi, morali e filosofici.*

Nel linguaggio corrente si parla di nichilismo per indicare, in modo polemico, gli atteggiamenti rinunciatari, distruttivi o autodistruttivi che derivano dal rifiuto dei valori e delle istituzioni esistenti. (11)."

C'è una comprensione quindi molto più approfondita, ampia e veritiera del concetto di *nichilismo*, attuale e più, potremmo dire, "storico", che viene, tuttavia, ignorata dai più.

Ci soffermeremo, in modo breve e generale, sul nichilismo russo ottocentesco, e in modo più preciso su quello *nietzscheano*, *fondamentale*.

Ma prima di addentrarci nei meandri più profondi del nichilismo, c'è un'importante premessa da fare: i nichilisti russi, che ora vedremo, del 1800 e, contemporaneamente, *Nietzsche* sono coloro che hanno *popolarizzato* il concetto di nichilismo su scala, presto, mondiale, ma <u>non</u> lo hanno *inventato* loro.

Il termine *nichilismo* (dal latino *nihil*, *"nulla"*), infatti, venne iniziato ad utilizzare già nella Germania di fine 1700 per discutere delle conclusioni tratte dalla filosofia *kantiana*, approfondendosi nella lettera di *F.H. Jacobi* a *Fichte* del 1799, dove acquisì il senso generico di critica radicale demolitrice di ogni filosofia che pretendesse di possedere un reale contenuto di verità (12).
Da qui si è iniziata a diffondere la concezione più generica di *nichilismo* come qualsiasi forma di un atteggiamento rinunciatario e negativo nei confronti del mondo e le sue istituzioni e valori, visti come inutili a causa dell'insensatezza intrinseca della vita.
Di conseguenza, gli autori e i movimenti che ricadono sotto il termine ombrello *nichilista* sono molteplici: avreste mai pensato che *Albert Camus*, padre dell'*assurdismo* e della vitalità, potrebbe essere ampiamente incluso in quella categoria, perché ne è stato profondamente influenzato?
I risultati che fuoriescono da questo rifiuto di istituzioni e valori preimpostati sono molteplici, ma il principio basilare rimane: così vediamo come nichilisti autori prevedibilmente tali, come *Giacomo*

Leopardi, Emil Cioran, Arthur Schopenhauer, Martin Heidegger, ma anche, oltre a Camus, personalità come *Filippo Tommaso Marinetti* e il suo *futurismo* (anche se con qualche differenza).

Una volta compreso ciò, siamo pronti per fare il nostro dovuto salto nel tempo.

Nichilismo russo

Se a cavallo tra il 1700 e il 1800 il mondo si era visto conteso tra il movimento dell'*Illuminismo* e quello del *Romanticismo*, le porte del '900 si sarebbero visto aperte con la successione al trono dei due Grandi appena citati: *Positivismo* e *Decadentismo*.

La Russia del 1800 si trovava in una condizione difficile nella scena politica mondiale: Stato arretrato e autoritariamente governato dal potere zarista, era costretto a guardare la propria immensità territoriale venir sprecata, mentre le grandi potenze Europee si trovavano anni luce avanti e portavano avanti progetti che quel lontano Paese orientale poteva solo sognare.

Il concetto di *nulla* aleggiava quindi con pesantezza nel mondo slavo, ma questo non aveva motivo di sentirsi solo: secoli prima, il libro biblico del *Qoelet, Gorgia* (485/483-375, primo filosofo a trattare il tema del nulla) e *Egesia di Cirene* (IV secolo a.C.) se ne erano già occupati, prendendo in esame vari tipi di *nichilismo* (13).

Se *Cirene* si occupava di *nichilismo morale*, a fine 1800 i russi caricarono quest'ultimo di forza politica: stanchi delle condizioni in cui versava il proprio Paese, rifiutarono ogni forma tradizionale di cultura, istituzione e valore per sconvolgere l'ordine socio-politico del tempo per impostarne uno nuovo.

In Russia, il termine «*nihilista*» fu adoperato sin dal 1829 dal critico letterario *Nikolaj Ivanovič Nadeždin*, per indicare semplicemente chi «*non sa e non capisce nulla*»; dieci anni dopo, il critico *Michail Katkov* perfezionò il significato della parola in «*colui che non crede a nulla*» (14). Ma chi davvero popolarizzò il termine fu il drammaturgo e romanziere russo *Ivan Sergeevič Turgenev*, con il suo romanzo "*Padri e figli*" (1862). Il giovane rivoluzionario *Bazarov* era infatti un "*nihilista*", un uomo «*che non s'inchina dinanzi a nessuna autorità, che non presta fede a nessun principio, da qualsiasi rispetto tale principio sia circondato. (15)*».

Questi nuovi *nihilisti* delineati da *Turgenev* sarebbero presto diventati la nuova generazione rivoluzionaria, che a partire dall'assassinio dello Zar *Alessandro II Romanov* a San Pietroburgo, domenica 13/3/1881, avrebbe presto aperto le porte alla novità bolscevica.
Ma il nichilismo era più di un semplice fare adolescenzialmente ribelle. Era sintomo di una malattia più ampia, che presto terminale se non trattata: una "*situazione di incertezza e di precarietà (...) simile a quella di un viandante che per lungo tempo ha camminato su una superficie ghiacciata, ma che con il disgelo avverte che la banchisa si mette in movimento e va spezzandosi in mille lastroni. La superficie dei valori e dei concetti tradizionali è in frantumi e la prosecuzione del cammino risulta difficile. (16)*".

Lo spostamento del significato del termine nichilismo dall'ambito strettamente filosofico a quello più propriamente sociale e politico avvenne, però, soprattutto grazie ai due padri dell'anarchismo, *Michail Bakunin* e soprattutto *Pëtr Kropotkin*; *Max Stirner*, nonostante non abbia mai utilizzato questa parola, viene ormai dato per assunto come interprete del nichilismo al pari di *Nietzsche*.

Su queste basi, che affondano nell'età della germogliazione dell'idealismo tedesco, se parliamo di nichilismo moderno/contemporaneo, si andrà a delineare sempre più la linea nichilista, che troverà presto il suo padre fondatore in *Friedrich Nietzsche*.

Friedrich Nietzsche

Nonostante non sia stato colui che lo abbia creato in sé, *Friedrich Nietzsche* (1844-1900) può correttamente essere considerato il *padre fondatore del nichilismo* in quanto primo a riorganizzarlo come concetto, *teoria* filosofica.

La filosofia di *Nietzsche* è corposa, complessa, e, se devo essere sincera, non per tutti, ma il concetto di fondo è estremamente comprensibile: caratterizzata da una radicale critica della civiltà e filosofia dell'Occidente, è basata su una totale distruzione delle certezze passate.

Come detto ben esplicitamente in *"Umano, troppo umano"* (1878):
"I miei scritti sono stati chiamati una scatola di sospetto e ancor più di disprezzo; per fortuna però anche di coraggio (...) E in realtà, io stesso non credo che alcuno abbia mai scrutato il mondo con un sospetto ugualmente profondo. (17)."

Questa polemica contro il passato non si pone, però, in modo sterile, ma come premessa alla delineazione di un nuovo tipo di umanità, fornendo alla filosofia nietzscheana un carattere propositivo, proprio in quanto inizialmente distruttivo:
"Io vengo a contraddire, come mai si è contraddetto, e nondimeno sono l'opposto di uno spirito negatore. Io sono un lieto messaggero, quale mai si è visto (...) solo a partire da me ci sono di nuovo speranze (18)."

Tutto ciò è conseguenza di una premessa che il filosofo tedesco apre ne *"La nascita della tragedia dallo spirito della musica. Ovvero: grecità e pessimismo"* (1872) (19), tramite la distinzione tra *apollineo* e *dionisiaco*, i due impulsi base dell'arte greca e dello spirito.

Mentre il primo scaturisce da un atteggiamento di fuga nei confronti del divenire vitale, il secondo deriva da una partecipazione a quest'ultimo; quindi, l'apollineo nasce conseguentemente al dionisiaco, carattere originario della vita, come tentativo di sublimare il caos nella forma.
Nietzsche esalta quindi il carattere dionisiaco dell'esistenza, che accetta la vita così com'è e non è strettamente relegabile ad una visione pessimistica o ottimistica di quella.

A partire da questo importante fondamento, *Nietzsche* inizia il suo percorso decostruttivo, tramite un *metodo* detto *critico e storico-genealogico*: *critico* in quanto forma di indagine, e *storico-genealogico* in quanto riconosce che ogni cosa sia l'esito di un processo da ricostruire e non una realtà assoluta e immutabile. È una semplificazione un po' estrema probabilmente, ma pensate al *materialismo storico* di *Marx*, per capirci.
Nietzsche definirà il suo metodo come una "*chimica delle idee e dei sentimenti*", e lo vediamo realizzarsi nei concetti dello *spirito libero* e *la filosofia del mattino*: il primo è colui che, grazie alla scienza, si emancipa dai pesi del passato, e la seconda consiste nella realizzazione della vita come transitorietà, esperienza libera senza sovrastrutture.

A partire da queste conclusioni, *Nietzsche* svilupperà uno dei suoi concetti più famosi: *la morte di Dio*, esposto ne "*La gaia scienza*" *(1882)* (20)
Dio viene visto come simbolo di ogni prospettiva oltremondana che cerchi di porre il senso della vita in altro, piuttosto che in quello che si ha qui, per non accettarne il carattere dionisiaco, e personificazione di tutte quelle "certezze" costruite dall'uomo per dare un senso, apparente, di ordine alla propria esistenza.
Nietzsche ne trae una conclusione drastica: Dio non è solo una delle bugie vitali dell'uomo e quella più antica, ma è, quindi, la *quintessenza* di tutte le altre poi generate.

L'abbandono della fede cristiana si presenta quindi come un simbolo (di cui la filosofia nietzscheana è ricca) del crollo dei valori: tutte quelle credenze fino a quel momento apparentemente assolute, immutabili e incontestabili si sono rivelate essere, come qualsiasi altra cosa, frutto di determinati processi e condizioni storici, e ora l'uomo deve costruirne, come ogni volta, dei nuovi.

La morte di Dio è un evento traumatico, che porta ad una consapevolezza epocale della propria esistenza senza eguali; l'uomo non ha più alcun punto di riferimento se non sé stesso e la vertigine in cui ora è smarrito.

Come si può superare questa condizione?

Tramite l'*oltreuomo*.

O meglio.

Secondo Nietzsche, la morte di Dio coincide con la nascita dell'oltreuomo: una volta resosi conto che nulla ha senso ontologico, che nessun valore o istituzione sia assoluto e portatore di verità ultima, l'essere umano deve accettare questo carattere disordinato, dionisiaco, della realtà, e fare dell'assenza di valori eterni il suo trampolino di lancio. Con l'eliminazione della dicotomia mondo reale/mondo apparente subentra la *filosofia del meriggio*, fase introdotta tramite "*Così parlò Zarathustra. Un libro per tutti e per nessuno*" (1883) (21).

Dalle ceneri della scissione dualistica della realtà nasce l'*oltreuomo*: un nuovo tipo di umano che ha superato sé stesso, ci è andato oltre, accettando l'accezione dionisiaca della propria esistenza, abbracciando la vitalità e ponendosi come volontà di potenza e realizzazione di sé stesso. La costruzione di nuovi valori, al di là di una morale oggettiva, sono in mano a lui e lui soltanto. *L'oltreuomo si pone al di là di ogni tipo antropologico dato, e il senso del suo essere è nel suo essere stesso.* La vita è una pulsione fluida e volta alla sua costante autorealizzazione tramite la volontà di potenza di questo nuovo uomo, che si comporta nei confronti della realtà in modo assolutamente inedito.

Attenzione: *Übermensch* viene comunemente tradotto come *superuomo*, ma, se vogliamo fare i pignoli, è più corretto *oltreuomo*.

Über vuol dire sia *"sopra"* che *"oltre"*, *"dall'altra parte"*, *"al di là di"*, quindi da un punto di vista puramente grammaticale non c'è differenza; questa c'è, tuttavia, sul piano concettuale.

Il nuovo uomo di *Nietzsche*, infatti, si pone come un uomo che va oltre sé stesso, che si è auto superato; non si configura come un'entità superiore, ma semplicemente come una che ha decostruito in tempo l'idea di Dio.

Il *superuomo* è invece incarnato da *Gabriele d'Annunzio* e tutti i suoi alter ego letterari: maschere di una perversione egoistica per esorcizzare il tanto temuto decadimento del corpo e la successiva morte, il suo nuovo uomo è uno che si pone al di sopra degli altri, come membro di una piccola cerchia elitaria che può fare esperienze inaccessibili agli uomini comuni. Non prevede la messa in discussione di alcun valore, tantomeno la creazione di nuovo; anzi, il superuomo vive in fuga dalla tradizione solo apparentemente, altrimenti conserva tutte le caratteristiche principali dell'uomo a carattere tra 1800 e 1900.

Ma bando alle ciance, e concludiamo con quello che tanto aspettavate: il nichilismo.

Questo è il momento di prestare davvero attenzione.

Dopo la morte di Dio, l'uomo piomba in una condizione di *nichilismo*, intesa come atteggiamento di fuga e disgusto nei confronti del mondo concreto. Tuttavia, *Nietzsche* non rimane fermo a questa definizione per molto, ma i più non l'hanno completamente capito.
Presto, questa condizione si tramuta nella specifica situazione dell'uomo moderno e contemporaneo che, disilluso nei confronti di Dio e qualsiasi valore morale e istituzionale fino ad allora supremo e assoluto, avverte in sé il nulla caratteristico della vita. Questo perché si rende conto che, di base, nulla ha senso.
Come detto in *Frammenti postumi (1887-1888): "Il nichilismo come stato psicologico subentra di necessità, in primo luogo, quando abbiamo cercato in tutto l'accadere un "senso" che in esso non c'è"* (22).
O ancora: *"Il credere nelle categorie di religione è la causa del nichilismo - abbiamo misurato il valore del mondo in base a categorie che si riferiscono a un mondo puramente fittizio."*

Qui avviene l'equivoco più grande nella comprensione del nichilismo nietzscheano. La mancanza di senso viene, erroneamente e semplicisticamente, associata ad una condizione di tristezza, resa:
"Sta venendo il tempo in cui dovremo pagare di essere stati cristiani per due millenni; perdiamo il centro di gravità che ci faceva vivere - per un certo tempo non sapremo come cavarcela (23)"

Ma ciò è vero nel momento in cui non si finisce di leggere ciò che *Nietzsche* ha detto.

Il filosofo <u>rifiuta l'idea di un senso ontologico alla vita, ma non la creazione di altri per mano dell'uomo; anzi, insiste che i significati esistono, sì, ma come prodotti della volontà di potenza umana</u>:

"La domanda del nichilismo "a che scopo?" procede dalla vecchia abitudine di vedere il fine di come posto, dato, richiesto dall'esterno - cioè da una qualche autorità sovrumana. Anche dopo aver disimparato a credere in quest'ultima, si continua a cercare, secondo la vecchia abitudine, un'altra autorità in grado di parlare un linguaggio assoluto e di imporre fini e compiti. Viene quindi in primo piano l'autorità della coscienza (quanto più si emancipa dalla teologia, tanto più la morale diventa imperativa), in sostituzione di un'autorità personale. O l'autorità della ragione. O l'istinto sociale (il gregge). O la storia con uno spirito immanente, che ha il suo fine in sé e a cui ci si può abbandonare. Si vorrebbe aggirare la necessità di avere una volontà, di volere uno scopo, il rischio di dare a se stessi un fine. (24)"

Ci sono varie distinzioni di *nichilismo* da fare. Innanzitutto quella tra *incompleto* e *completo*, dove entrambi partono dalla distruzione dei valori tradizionali: nel primo, i nuovi valori hanno la stessa fisionomia dei vecchi, nel secondo, invece, no. Ma ci sono altre divisioni da fare.

Il nichilismo completo può infatti essere *passivo* o *attivo*, e qui giace la *più grande anima del nichilismo nietzscheano e politico*.

Mentre quello passivo si limita a prendere atto del declino dei valori e crogiolarsi nel dolore, quello attivo si impone come violenta forza.

Di nuovo da *"Frammenti postumi (1887-1888)"*: *"Che non ci sia una verità; che non ci sia una costituzione assoluta delle cose, una "cosa in sé" - ciò stesso è un nichilismo, è anzi il nichilismo estremo. (25)"*.

Ancora: *"La forma estrema del nichilismo sarebbe il sostenere che ogni fede, ogni tener per vero sia necessariamente falso: perché non esiste affatto un MONDO VERO (26),"*.

Il *nichilismo* nietzscheano, che più ha influenzato quello politico contemporaneo, nasce quindi:

1- come istanza *MOMENTANEA*,

2- *fatta per auto superarsi e costruire una nuova società e una nuova architettura valoriale basata sul rifiuto di qualsiasi tradizione.*
Come recita *l'Aforisma 73* di *"Parte Quarta - Sentenze e intermezzi"* di *"Al di là del bene e del male"* (1886): *"Chi attinge al proprio ideale, per ciò stesso lo supera (27).".*

Come detto in *"Frammenti postumi (1885-1887)"*: *"Sono i nostri bisogni che interpretano il mondo (28),".*

Dopo questo lungo, tortuoso, ma necessario percorso, siamo finalmente pronti a comprendere l'accezione politica del carattere dionisiaco dell'esistenza.

Nichilismo anarchico

Siamo, finalmente, giunti al *fulcro* del testo.

Il cammino per arrivarci è stato lungo, a tratti complesso, ma a chi lo ha percorso nella sua interezza e chi invece si è recato direttamente qui: è una premessa necessaria, senza la quale la persona media difficilmente potrà capire l'applicazione politica di anarchia + nichilismo. Se non l'avete affrontata, quindi, vi consiglio caldamente di farlo; se, invece, lo avete fatto, il vostro sforzo sta per essere finalmente ripagato, arrivando al nocciolo della questione.

Dunque.

Premettendo che *anarchia* è il rifiuto di gerarchie e autorità illegittime, e *nichilismo* una condizione di disillusione nei confronti di tutto ciò che è stato dato per assoluto e inconfutabile, costruendo da soli un nuovo sistema di valori, l'*anarco nichilismo* può essere intesa come quella tendenza politica che "*si richiama alla negazione radicale di tutti i valori della società, all'interno di gruppi e movimenti di ispirazione anarchica* (29).".

Nella sua applicazione politica, il nichilismo si pone in modo assolutamente inedito rispetto a qualsiasi altra forma di anarchia vista fin'ora: non solo rifiuta il presente, e i frutti del passato che ora lo compongono, ma anche la possibilità di un futuro.

Si presenta, quindi, come una delle frange più radicali non solo della sinistra, quanto, probabilmente, di tutto il prisma politico. Rifiutando uno dei princìpi basilari delle ideologie di sinistra (ma in realtà comune anche a quelle di destra, seppur in modi differenti), cioè la speranza in un futuro migliore e la convinzione che sia realizzabile, il nichilismo anarchico si pone in una sezione che sfugge completamente al classico binarismo destra/sinistra.

Lo possiamo collocare, infatti, all'interno della cosiddetta "*post-left*". Questo perché: "Per dirsi di Destra o di Sinistra, si deve accettare implicitamente che il Capitalismo liberista sia un universo al di fuori del quale non esisterebbe null'altro e quindi accettarne la logica che è quella di ridurre lesistenza dellessere umano a quella di produttore e di consumatore di beni e servizi che sono, di per loro, molto più importanti dellessere umano stesso. Essere di Destra o di Sinistra significa solo vederla diversamente sulle forme ed i modi in cui lessere umano debba produrre e consumare questi beni e questi servizi ma non sul fatto che il ciclo produzione/consumo sia il centro dell'esistenza. (30)".

La *post-left* è un insieme di ideologie prettamente anarchiche che rifiuta categoricamente i pensieri e metodi d'azione tradizionali della sinistra, e il rapporto che l'anarchismo "classico" ha con essi. Di conseguenza, tra le tante promesse rifiutate c'è quella dell'inseguimento di un futuro migliore e soprattutto concretamente perseguibile: questo è solo un'utopia, un sogno fasullo e irrealizzabile, che porta la maggior parte degli anarchici della *post-left* ad agire in modi differenti (vedremo nel prossimo capitolo) da quelli tradizionali, e che possono apparire come rivoluzionari, ma senza la credenza di una loro efficacia a lungo termine. La *post-left agisce per liberarsi <u>qui e ora.</u>*

L'anarco nichilismo guarda alle attuali istanze in cui si trova e si sente disilluso nei confronti della possibilità di un futuro diverso. Non si riempie la bocca di promesse, speranze, previsioni: ciò che importa è vivere nel momento attuale. E proprio questo carattere istantaneo, fugace, e destinato a non cambiare, porta l'anarco nichilista a lottare, a resistere: opporsi al Potere perché le condizioni in cui ci pone sono talmente pessime da rendere desiderabile la distruzione fine a sé stessa, perché in un mondo destinato alla fine e senza possibilità di redenzione la risposta migliore che si possa dare al sistema è contrastarlo il più possibile qui e ora.
Nonostante questa sia una tendenza sempre rimasta nell'ombra e mai propriamente definita, la sua definizione più accurata la possiamo trovare nel suo testo fondamentalmente (che analizzeremo nella sezione seguente): "*Blessed is the flame*" *(2016)* di *Serafinski.*
"*La posizione anarco-nichilista è essenzialmente che siamo fottuti. Che l'attuale manifestazione della società umana (civiltà, Leviatano, società industriale, capitalismo globale, qualunque cosa) è al di là della salvezza, e quindi la nostra risposta ad essa dovrebbe essere di ostilità assoluta. Non ci sono richieste da avanzare, nessuna visione utopica da sostenere, nessun programma politico da seguire: il percorso della*

resistenza è quello della pura negazione. In breve, "che le condizioni dell'organizzazione sociale sono così pessime da rendere desiderabile la distruzione fine a sé stessa, indipendente da qualsiasi programma o possibilità costruttiva. (31)".

Può sembrare una posizione ambigua, spesso accompagnata dalla classica "critica" del "io non ho mai visto un anarco nichilista di persona", ma non c'è nulla di strano: nessun militante, quando agisce, va a specificare la propria specifica tendenza politica, soprattutto un anarco nichilista, perché fin quando si è tutti uniti, in nome di uno stesso fine e, in quel momento, tramite uno stesso mezzo, non c'è alcun bisogno di fare distinzioni, ma solo di essere il più compatti possibile.

Abbiamo compreso, quindi, che il rifiuto di ogni valore e autorità prestabiliti sia molto affine all'anarchismo, ma anche che l'interpretazione in chiave nichilista, passiva o attiva che sia, può portare a due applicazioni di questo ideale: uno politico e uno apolitico. Ora ci soffermeremo principalmente sul primo, anche se la linea che separa i due è, in un certo senso, molto sottile e sfumata. Lo vedremo principalmente nel prossimo capitolo.
L'anarco nichilista (*neologismo* del 2018) (32) che decide di non farsi abbattere dalla propria disillusione è, senza ombra di dubbio, il nichilista attivo; quello che, invece, si fa consumare da essa è il nichilista passivo.

Il primo tipo di nichilista (in cui si ritrova la maggior parte di essi) abbraccia il naturale disordine dell'esistenza, che il *Potere* ha cercato in modo fallimentare di domare, come carburante per la propria ribellione: come detto da *Serafinski*, le condizioni in cui versiamo sono così pessime da rendere desiderabile la distruzione fine a sé stessa, per una pura questione di principio, ed è, quindi, proprio la rabbia del sapersi destinati ad essere schiacciati dal sistema a fungere da trampolino di lancio.
Se bisogna morire soffocati da questa forza oppressiva, tanto vale farlo essendogli il più ostile possibile.
L'anarco nichilismo, in un certo senso, brucia più degli altri movimenti: le promesse e le speranze della rivoluzione, di un cambiamento, che sembra sempre doversi manifestare quasi metafisicamente,

dimenticando che la storia la scriviamo NOI uomini, sono ciò che ci trattengono dall'agire in modo concreto, reale, efficace.

Chi vi "aderisce" agisce non perché convinto di poter davvero dissimulare i sistemi secolari alle basi più profonde della nostra società, ma proprio perché consapevole che ciò non succederà e quindi mosso dalla rabbia esistenziale da ciò scaturita. C'è un'accettazione, in parte a malincuore, del carattere dionisiaco della vita, politica e non: destinato, il sistema, a non cambiare, e destinati noi a morire entro esso in ogni caso, tanto vale farlo lottando.

Ciò che differenzia questa frangia dalla gran parte di quelle anarchiche è il focus sull'atto di liberazione, di protesta, piuttosto che sulla liberazione stessa; il *mezzo*, piuttosto che il fine ultimo, come insegnava *Dada* oltre un secolo fa.

Quello che tratteremo nel prossimo capitolo vi farà (e anche comprensibilmente) pensare che l'anarco nichilismo sia un movimento riconducibile all'anarco individualismo; se ciò è, in linea di massima, vero, c'è da dire che *non* sia *necessariamente* così.

Da dove deriva questa generalizzazione?

La *post-left*, come abbiamo detto, è una sezione radicale e "avanguardistica" che rifiuta le idee e i metodi tradizionali della sinistra. Di conseguenza, rifiuta la classica organizzazione e l'idea che collettività>individuo; ci si rifà più a pratiche di liberazione individuale, come l'illegalismo (vedi prossimo capitolo).

Derivando da ciò (oltre che all'*egoismo stirneriano*, sempre trattato nel prossimo capitolo), l'anarco nichilismo viene generalmente detto una variante dell'anarco individualismo. Ciò è *vero, ma non necessariamente*.

L'anarco nichilista, infatti, non rifiuta categoricamente di lottare con gli altri: in vista di un'assenza di futuro, dell'unica possibilità di lottare qui e ora, di essere ostili proprio perché senza speranza e consapevole che il mondo non cambierà, egli si inserisce senza problemi in manifestazioni di dissenso collettive, in quanto forma di ostilità, ma anche in quanto "inutile" in ogni caso, considerando insensato polemizzare su quale mezzo sfruttare per contrastare l'oppressore.

Ciò è espresso molto bene da *Alfredo Maria Bonanno* ne *"La gioia armata" (1977)*:

"Mettiamo da parte le attese, le titubanze, i sogni di pace sociale, i piccoli compromessi, le ingenuità. Tutto il ciarpame metaforico che ci viene fornito negli spacci del capitale. Mettiamo da parte le grandi analisi che tutto spiegano, fin nei minimi particolari, i libroni pieni di senno e di paura. Mettiamo da parte l'illusione democratica e borghese della discussione e del dialogo, del dibattito e dell'assemblea, delle capacità illuministiche dei capi

mafia. Mettiamo da parte il senno e la saggezza che la morale borghese del lavoro ha scavato dentro i nostri cuori. Mettiamo da parte i secoli di cristianesimo che ci hanno educati al sacrificio e all'obbedienza. Mettiamo da parte i preti di ogni ordine e funzione, i padroni, le guide rivoluzionarie, quelle meno rivoluzionarie e quelle per niente rivoluzionarie. Mettiamo da parte il numero, le illusioni del quantitativo, le leggi del mercato, la domanda e l'offerta. Sediamoci un attimo sulle rovine della nostra storia di perseguitati e riflettiamo.

Il mondo non ci appartiene, se ha un padrone e questo padrone è tanto stupido da desiderarlo, così come si trova, che se lo prenda, che cominci a contare le rovine al posto dei palazzi, i cimiteri al posto delle città, il fango a posto dei fiumi, la melma infetta al posto dei mari.

Il più grande spettacolo illusionistico del mondo non ci incanta più.

Siamo certi che dalla nostra lotta, <u>qui e subito</u>, usciranno le comunità della gioia.

E per la prima volta, la vita trionferà sulla morte. (33)"

La componente anarchica vuole distruggere il mondo inteso come Mondo civilizzato, capitalista, opprimente, insieme di sovrastrutture alla fine nulle e più inutili che utili, e quella nichilista vuole maciullarle con i propri stessi denti ora, non tramite una rivoluzione metafisica che trattiamo come un nuovo Dio.

Come detto dal mio caro collega *Gianluca Mazzei* nel suo *"Il ronfo del gatto. Ovvero breve riflessione sull'anarchia e su cosa l'attende" (2024)*:

"(...) mi è caro chiarire senza che vi sia ombra alcuna che l'Anarchia non solo non è una assenza di regole ma ha le sue fondamenta proprio nell'antitesi della assenza di regole che però non sono (come nelle realtà statali verticistiche) il centro ma la circonferenza di quel cerchio che è la

convivenza civile; il centro è rappresentato invece dalla interiorizzazione individuale da parte di ogni appartenente ad una comunità umana di dimensioni reali e non ideali come gli Stati) di regole concordate, nate, costantemente valutate ed all'occorrenza modificate, abolite e/o sostituite sempre e comunque di comune accordo. Ciò lega non informi ed immateriali collettività ma i singoli non ad accettarle per paura di una sanzione ma a desiderarle e ad applicarle per il bene comune che è anche e soprattutto il suo di bene in un processo che supera la finta dicotomia morale egoismo/altruismo basata sulla bilancia dei beni e dei servizi che si è disposti a sequestrare donare in un sistema che valuta l'uomo dal numero di beni e privilegi che possiede, che compra, vende, scambia, regala, nega. (34)".
Ancora: "*Quello Anarchico non è un principio filosofico nato dall'astrazione intellettuale ma dalla valutazione pratica dell'esperienza cumulativa delle lotte degli Oppressi contro gli Oppressori in tutte le forme che hanno assunto nel corso del secoli (Aristocratici, Schiavisti, Colonizzatori, Padroni di fabbriche, Proprietari Terrieri, Autorità Militari, etc...ete...) al fine di affermare l'affrancamento dei primi dai secondi e la realizzazione delle loro aspirazioni di Libertà ed Eguaglianza. (35)".*

In ultima, ci tenevo ad aprire una parentesi apparentemente sciocca, ma in realtà importante.
L'anarco nichilismo non è un movimento necessariamente triste; l'accettazione del dionisiaco e l'abbraccio alla disillusione fanno vivere in modo più spensierato, autentico e realmente di valore.
Non serve uno Stato, un ordine in senso politico di Potere, un *Qualcuno* che ci guardi dall'alto per essere in armonia e felici: la vera gioia, il vero equilibrio, lo possiamo raggiungere solo e soltanto quando accettiamo il carattere disordinato, casuale e neutro della vita. Qualsiasi tentativo di ingabbiare la *Vita* nella *Forma*, per fare riferimento alla *poetica pirandelliana*, per darle un senso di ordine si prova controproducente; la risposta è nell'eterna e immodificabile assenza di risposte ai nostri tormenti esistenziali.

«*Il nichilismo della cultura contemporanea non è soltanto crisi dei valori e assenza di trascendenze condivise: è anche il fatto che l'agire* *dell'uomo non si infiamma più tra i due poli opposti della tradizione e della rivoluzione, ma si avvita nella ristretta prospettiva del "qui e ora". Non la storia né l'avvenire, ma la puntiformità dell'attimo presente è l'orizzonte per l'agire dell'uomo contemporaneo. La soggettività, principio regale del pensiero moderno, è oggi indebolita, decostruita, ed è incapace di reggere il peso dell'arco storico che si tende tra storia e utopia. La sua progettualità si appiattisce tutta nella fruizione e nel godimento del presente. Questo è il problema: noi <u>vogliamo la realizzazione più libera e più completa possibile dell'individuo e la vogliamo ora; noi vogliamo la felicità più grande possibile e la vogliamo oggi; noi vogliamo la soluzione di tutti i problemi sociali, ma non un giorno nell'avvenire, bensì oggi</u> o al più tardi domani o dopodomani (36)».*

Vivere qui e ora perché altrimenti non lo faremo mai.

Resistere non per un fine ultimo.
Resistere perché questo fine ultimo non c'è e non è raggiungibile.

*Resistere perché<u> **il futuro non esiste, e se esiste, è solo ed esclusivamente il nostro presente.**</u>*

Blessed is the flame

"Stiamo venendo condotti al nostro massacro. Questo è stato teorizzato in mille modi, descritto in termini ambientali, sociali e politici, è stato profetizzato, astratto e narrato in tempo reale, e ancora non siamo sicuri di cosa farne. Il punto di fondo è che il progresso della società non ha nulla da offrirci e tutto da toglierci. Spesso abbiamo la sensazione di donarlo senza combattere: quando vendiamo il nostro tempo per denaro, permettiamo che le nostre passioni vengano mercificate, investiamo noi stessi nel miglioramento della società o ci sosteniamo con le spoglie della distruzione ecologica, apertamente (anche se non consensualmente) partecipano alla nostra stessa distruzione. (37)".

Così recita l'introduzione del testo *fondamentale* dell'anarco nichilismo: *"Blessed is the flame: an Introduction to Concentration Camp Resistance and Anarcho-Nihilism" (2016)* di *Serafinski*.
Prendendo il suo nome da un componimento poetico di *Hannah Senesh*, una partigiana ebrea, lo scritto tratta dell'anarco nichilismo in seno ai racconti della resistenza all'interno dei campi di concentramento nazisti, tramite il filo rosso del successo in base alle aspettative di vittoria.
Prosegue, in merito a ciò:
"La domanda aleggia con una voce eterea e spettrale: perché vi lasciate condurre al macello come pecore? Come affronta Hermann Langbein in Against All Hope: Resistance in the Nazi Concentration Camps, i sopravvissuti dei più espliciti mattatoi umani sono tormentati da decenni da questa domanda, alla quale alcuni hanno semplicemente risposto: non l'abbiamo fatto. (38)".

L'introduzione si conclude in un modo che basterebbe già per concludere l'intero scritto, sintetizzando l'intero motivo alla base dell'anarco nichilismo (materia che tratteremo nella prossima sezione, che chiude il capitolo):
"Siamo già stati portati al massacro: è tutto intorno a noi. Il mondo in cui esistiamo è una morte prolungata, una sorta di limbo economicamente sostenibile in cui i cuori possono battere solo nella misura in cui possono

facilitare il flusso ascendente del capitale. La piaga della domesticazione ha raggiunto ogni spazio selvaggio e le linee di colonizzazione ci hanno attraversato più volte di quanto possiamo contare. Ogni aspetto improduttivo della biosfera è stato segnalato per essere sradicato, dai "fondali oceanici sfogliati" alle "barriere coralline dinamizzate" alle "montagne scavate", i più alti calibri della tecnologia sono bloccati in una perpetua follia omicida che scoppia in un «ritmo monotono di morte». Noi che abbiamo ancora aria nei polmoni siamo i morti viventi, e lottiamo quotidianamente per ricordare cosa vuol dire essere vivi, aggrappandoci a quella «voglia di sfrenatezza che la miseria di uno stipendio non può calmare." Vaghiamo per l'architettura desolata dei nostri mattatoi ("la prigione della civiltà in cui viviamo") come fantasmi che sentono ma non riescono a comprendere la vacuità della nostra esistenza. Per prendere in prestito alcune frasi della Cospirazione delle Cellule di Fuoco (CCF): siamo completamente integrati in "un sistema che ci schiaccia quotidianamente", che "controlla i nostri pensieri e i nostri desideri attraverso schermi" e "ci insegna come essere schiavi felici" mentre ci lasciamo "considerare liberi perché possiamo votare e consumare", e nel frattempo "noi, come l'allegro Sisifo, portiamo ancora la nostra pietra della schiavitù e pensiamo che questa sia la vita". Come un II veterano americano della guerra in Iraq, diventato consulente strategico, ha scritto sul New York Times nel 2013: "Il problema più grande che dobbiamo affrontare è di natura filosofica: capire che questa civiltà è già morta". La misura in cui abbiamo interiorizzato i ritmi , i valori e le storie di questa civiltà "legano il nostro futuro a [questo] sistema di non morti e divoratore di tutto". Allora forse una domanda migliore potrebbe essere: Perché siamo continuamente condotti al macello come pecore?, alla quale molti di noi rispondono semplicemente: Non lo siamo. (39)".

La capacità riassuntiva di *Serafinski* è mozzafiato, che subito dedica due piccoli paragrafi all'anarco nichilismo senza la minima sbavatura o mancanza:

"Un nichilista è una persona che non si piega ad alcuna autorità, che non accetta alcun principio per fede, per quanto quel principio possa essere venerato. —Ivan Turgenev.
<u>*La posizione anarco-nichilista è essenzialmente che siamo fregati. Che l'attuale manifestazione della società umana (civiltà, leviatano, società*</u>

industriale, capitalismo globale, qualunque cosa) è al di là della salvezza, e quindi la nostra risposta ad essa dovrebbe essere di ostilità assoluta. Non ci sono richieste da avanzare, visioni utopistiche da sostenere, programmi politici da seguire: il percorso della resistenza è quello della pura negazione. In breve, "che le condizioni nell'organizzazione sociale sono così pessime da rendere desiderabile la distruzione fine a se stessa, indipendente da qualsiasi programma o possibilità costruttiva". Aragorn! ripercorre la storia del nichilismo nella Russia del XIX secolo, dove l'ambiente "soffocante" dello zarismo creò un terreno fertile per una tensione puramente negativa del socialismo. Ciò che iniziò come un rifiuto filosofico della moralità e dell'estetica convenzionali gettò le basi per una controcultura guidata dai giovani fatta di edonismo, comunalismo e moda proto-hipster. Ciò alla fine diede vita ad una forza rivoluzionaria che cercò la distruzione assoluta delle "tradizioni statali, dell'ordine sociale e delle classi in Russia", non come parte di un programma per il cambiamento sociale, ma sulla base di una "convinzione profondamente radicata che valesse la pena distruggere per il suo paese". per conto proprio". Sebbene il nichilismo russo alla fine sia stato schiacciato dallo Stato, le idee si sono diffuse e hanno recentemente visto una rinascita all'interno delle correnti anarchiche. Dopo due secoli di rivoluzioni fallite, il nichilismo è forse diventato ancora più disinteressato ai programmi socialisti convenzionali e agli ambienti radicali. È stato anche armato di decenni di teoria anarchica e post-strutturalista che hanno contribuito a coltivare le sue critiche al dominio, alle meta-narrazioni, alle strutture teleologiche, al genere e alla civiltà nel suo complesso. Flussi di comunicati di gruppi anarco-nichilisti che descrivono dettagliatamente azioni incendiarie sono stati sostenuti da un'ondata di pubblicazioni che esplorano gli approcci nichilisti al problema del dominio nel mondo di oggi, entrambi i quali hanno portato a linee di dialogo (occasionalmente utili) tra nichilisti e altri anarchici. Sebbene alcune tensioni del nichilismo arrivino certamente a un punto di paralisi, la tensione che si scontra con l'anarchismo tende ad essere una tensione di creatività esplosiva e azione incessante. Sul percorso della negazione, l'anarco-nichilismo respinge i programmi positivi per il cambiamento sociale, sfida le modalità temporali dominanti e scopre una libertà tattica ignorando, tra le altre posizioni, le morali ereditate e le tradizioni politiche. (40)".*

38

L'introduzione può dirsi conclusa con una citazione al giornale nichilista *Attentat*, dicendo di voler soprattutto fornire "*strumenti, non risponde, enfatizzando il processo di costruzione (41).*".

"*In sostanza, questo libro tratta di attingere alla ribellione istintiva che risiede al di sotto di ogni organizzazione, gruppo di affinità, progetto e azione a cui partecipiamo; quello spirito riflessivo di resistenza radicato nella comprensione esistenziale di base secondo cui la recalcitranza è semplicemente una forma di esistenza più significativa e gioiosa della docilità. Troppo spesso i nostri impulsi insurrezionali rimangono impantanati in costumi ideologici, mandati retorici e paradigmi hobbisti. Incanaliamo le nostre energie in dubbi canali di dogmi prefabbricati e inevitabilmente ci esauriamo o diventiamo indolenti alla sola menzione della Rivoluzione. Forme di resistenza radicate negli obblighi sociali e nelle scelte di vita troppo spesso sfumano in vite di sconforto, alienazione, noia o benessere materiale. Il fatto che scegliamo la resistenza solo finché ci sembra qualcosa che possiamo vincere parla della natura stessa del nostro addomesticamento. È qui che entra in gioco il nichilismo. Mi interessa il tipo di resistenza che perseguiamo, non perché crediamo necessariamente che produrrà i cambiamenti desiderati o ci condurrà verso un futuro più luminoso, ma perché è la risposta più significativa a questo mondo che possiamo immaginare. Perché semplicemente non possiamo sopportare l'idea di rimanere passivi di fronte a un sistema così brutale, indipendentemente da quanto possiamo essere lontani dai nostri sogni. Il nichilismo spinge gli anarchici ad abbracciare i nostri sentimenti di cinismo nei confronti degli ambienti radicali, i nostri sentimenti di noia con metodi di resistenza prescritti, i nostri sentimenti di disperazione nell'attuale panorama di dominio, e ad impegnarsi in forme di rivolta che coltivano gioia immediata e momenti di liberazione.*"

Poi spiega il profondo rapporto con la resistenza al nazismo:

"*Ed è qui che l'Olocausto nazista diventa particolarmente interessante. La resistenza nei campi di concentramento sfida il nichilismo a considerare quanto squallido sia disposto a diventare. La resistenza di coloro che nei Lager fu privata di ogni traccia di speranza, di ogni boccone di ispirazione e di ogni brandello di conforto, pone domande importanti su quanta disperazione siamo disposti a superare per avere la possibilità di reagire. Ci ricorda che la resistenza non riguarda solo l'ottenimento di risultati, ma le nostre reazioni riflessive alle situazioni oppressive. Il fatto che riusciremo a rovesciare i nostri oppressori e a realizzare un futuro migliore può essere solo secondario rispetto al bisogno viscerale di ribellarci alle condizioni merdose delle nostre vite. (42)"*.

Attraverso i brutali racconti della resistenza nei campi di concentramento, una delle critiche maggiori che gli anarco nichilisti pongono agli altri anarchici è quella di volersi comunque allineare positivamente in società, nonostante si auspichi alla sua distruzione, così come si critica il fantasticare su un futuro post-rivoluzionario senza agire sul presente.

Viene successivamente preso in esame il tema della negazione totale e della gioia, o meglio, *jouissance*, che è meglio traducibile come "*desiderio incivilizzato*" (43) e il rapporto tra questi due concetti apparentemente antitetici:
Si dice della negazione:
"*Le nostre rivolte sono giustificate non perché contribuiamo, ma perché esistiamo sotto il tallone di una società mostruosa. I progetti positivi sono il mezzo per sopravvivere all'interno di quell'ordine; la negazione è il progetto di distruggerlo completamente. Come ci ricorda Alejandro de Acosta, non dobbiamo essere tentati di "inquadrare l'azione distruttiva come se avesse uno scopo particolare oltre la distruzione dell'esistente". Anche Bæden si scaglia contro questa tendenza, insistendo sul fatto che non abbiamo nulla da guadagnare dal nascondere le nostre vere intenzioni: Comprendiamo che la distruzione è necessaria e la desideriamo in abbondanza. Non abbiamo nulla da guadagnare dalla vergogna o dalla mancanza di fiducia in questi desideri. Questo mondo... deve essere annientato in ogni caso, tutto in una volta. Rifuggire da questo compito, assicurare ai nostri nemici le nostre buone intenzioni, è la più grossolana disonestà. Quando ci definiamo anarchici, o anche "anticapitalisti", implichiamo un impegno per la distruzione dei sistemi di dominio: perché così spesso evitiamo questo? Il nichilismo abbraccia sfacciatamente la negazione come al centro di tali posizioni. (44)"*.

Le manifestazioni della negazione, tuttavia, nonostante i suoi connotati un po' oscuri, trovano la loro migliore espressione nella gioia, nel colore, nella *jouissance*: "Né la vittoria né la sconfitta sono importanti, ma solo la bellissima luce nei nostri occhi in combattimento (45)".

E le prime due cose che l'anarco nichilismo nega sono il progressismo e il tempo.

Aspettare il futuro è controproducente:

"*La realtà è che il futuro non arriva mai, ma è piuttosto la giustificazione ideologica per la soppressione dei nostri desideri e il cambiamento rivoluzionario oggi. Il domani diventa semplicemente l'idea romantica di accettare la sottomissione oggi (46)*", diceva *Bryan Hill*.

Di conseguenza, gli anarco nichilisti sono fortemente critici delle organizzazioni politiche, perché aspettano un movimento di massa per agire, al posto di agire tramite un movimento di massa; siccome aspettare per un'unione di massa è sconfiggersi ancor prima che la lotta sia iniziata, una cellula della *FAI* (*Informal Anarchist Federation*):

"*Con tutti i miliardi di persone che vivono nel mondo, non ci sarà mai un momento in cui un particolare atto contro lo Stato e il Capitale sarà ritenuto appropriato, buono o desiderabile da tutti o anche dalla maggioranza delle persone (47).*". Un'altra dice: "*Non diamo nemmeno un minuto della nostra vita nella speranza che la moltitudine improvvisamente prenda coscienza e si svegli! Se gli oppressi non sono pronti ad alzare l'ascia di guerra, questo è un problema degli oppressi (48).*".

Invece di prepararci ad un'insurrezione di massa che probabilmente non arriverà, agiamo qui e ora e vediamo dove ci porta (49). Non aspettiamo il movimento di massa: creiamolo.

Non crediamo nel crudele ottimismo (50), che ci allontana soltanto dal perseguimento di un'azione vera ed efficace:

"*L'anarchismo è fondamentalmente posto per sfidare molti crudeli ottimismi della società, e l'anarchismo a sua volta vede i suoi crudeli ottimismi sfidati dal nichilismo. Il nichilismo è la voce incredula che sussurra domande impossibili: siamo tossicamente attaccati all'idea di poter costruire un nuovo mondo nel guscio del vecchio, nonostante le prove schiaccianti che indicano l'impossibilità che ciò accada? Siamo bloccati in un modello temporale che ci lega alla riproduzione della società e rinvia all'infinito l'azione incendiaria? Abbiamo ereditato una serie di modelli rivoluzionari stagnanti che servono solo a limitare l'intero spettro di tattiche a nostra disposizione e a gestire i desideri ribelli che attraversano i nostri corpi? Tutta la nostra resistenza è basata sulla fantasia di poter effettivamente porre fine al capitalismo globale? (51)"*

"Il nichilista attivo vede nel futuro sconosciuto e nella disperazione per la nostra situazione attuale, una chiamata alle armi. Il significato si trova nell'avvicinarsi al vuoto piuttosto che nella falsa conoscenza di ciò che c'è dall'altra parte di esso. (52)".

Il punto d'origine dell'anarco nichilista può essere sintetizzato con la sezione che chiude, egregiamente, l'intero testo:
"Non esistono mappe affidabili del terreno che occuperanno le nostre lotte. Nessuno ha un vantaggio sulla questione della liberazione. Si è provato così tanto e così tanto è fallito, ammettiamo finalmente che non sappiamo cosa sia "giusto" e cosa "funzionerà". <u>Nessuno sa come, perché o se un ordine dominante cadrà</u>. Non sappiamo se ci siano abbastanza lettere bombe nel mondo per porre fine all'energia nucleare, né sappiamo se una rivolta di massa tempestiva ad Auschwitz sarebbe effettivamente riuscita a chiudere il campo. Nonostante ciò che qualcuno ci dice, non vi è alcuna garanzia che i lavoratori del mondo si solleveranno, né alcuna assicurazione che una cosa del genere possa portare a una situazione desiderabile. Sebbene abbiamo ereditato moltissime idee su come affrontare il dominio, sappiamo che nulla è scolpito nella pietra. Dalle ossa e dagli strumenti frantumati dei nostri predecessori, creiamo le nostre armi. <u>Niente è garantito che funzioni, eppure attacchiamo comunque</u>. Lo facciamo nudi, dopo esserci liberati degli stracci della moralità, dell'ideologia e della politica che si erano accumulati nel tempo. <u>Affrontiamo questo mondo crudo, in tutta la sua orribile gloria. Neghiamo ogni verità e regola e procediamo con spirito di sperimentazione incendiaria. Sogniamo in grande, ci aspettiamo poco e celebriamo ogni momento di rottura. Cogliamo ogni occasione per garantire che coloro che detengono il potere perdano il sonno e che i loro funzionari abbiano lavori miserabili. Dedichiamo le nostre vite a strappare i gerani che costeggiano i sentieri dei campi di sterminio, a pisciare negli ingranaggi dei macchinari della società</u>, e quando tutto il

resto fallisce, seguiremo le orme di coloro che trascorsero i loro ultimi minuti nelle camere a gas cantando e scopando.

La jouissance sia la fiamma benedetta che ci guida nel vuoto. (53)"

Perché l'anarco nichilismo

Blessed is the Flame ci ha fornito un'ottima infarinatura su cosa sia l'anarco nichilismo, ma riusciamo a comprenderne il *perché*?
Da cosa scaturisce questa disillusione nel futuro, perché una rivoluzione di massa sembra rasentare i limiti del ridicolo?

Il fulcro della risposta può essere facilmente spiegato tramite due passi tratti, nuovamente, dal libro appena citato, e che abbiamo già visto nella sezione precedente.
1:*"Perché vi lasciate condurre al macello come pecore? (...) i sopravvissuti dei più espliciti mattatoi umani sono tormentati da decenni da questa domanda, alla quale alcuni hanno semplicemente risposto: non l'abbiamo fatto (54).".*
2: *"Siamo già stati portati al massacro: è tutto intorno a noi. Il mondo in cui esistiamo è una morte prolungata, una sorta di limbo economicamente sostenibile in cui i cuori possono battere solo nella misura in cui possono facilitare il flusso ascendente del capitale. La piaga della domesticazione ha raggiunto ogni spazio selvaggio e le linee di colonizzazione ci hanno attraversato più volte di quanto possiamo contare. Ogni aspetto improduttivo della biosfera è stato segnalato per essere sradicato, dai "fondali oceanici sfogliati" alle "barriere coralline dinamizzate" alle "montagne scavate", i più alti calibri della tecnologia sono bloccati in una perpetua follia omicida che scoppia in un «ritmo monotono di morte». Noi che abbiamo ancora aria nei polmoni siamo i morti viventi, e lottiamo quotidianamente per ricordare cosa vuol dire essere vivi, aggrappandoci a quella «voglia di sfrenatezza che la miseria di uno stipendio non può calmare." Vaghiamo per l'architettura desolata dei nostri mattatoi ("la prigione della civiltà in cui viviamo") come fantasmi che sentono ma non riescono a comprendere la vacuità della nostra esistenza. (...) Allora forse una domanda migliore potrebbe essere: Perché siamo continuamente condotti al macello come pecore?, alla quale molti di noi rispondono semplicemente: Non lo siamo. (55)".*

Come avrete notato, ho enfatizzato soprattutto una cosa di questi passaggi: la negazione di essersi piegati al sistema di fronte all'evidenza di questo avvenimento.
Soffermiamoci qui.

Il sistema ha annichilito la coscienza umana e il suo pensiero critico, riuscendo a sfruttarla a suo vantaggio; la ha ribaltata e mercificata entro i limiti di quella "ribellione" possibile e anzi, felicemente permessa, entro i confini del Potere e che risulta efficacemente necessaria a questo per accrescere la propria forza. L'uomo *non è parte* di un ingranaggio, di un sistema di montaggio: *è egli stesso questo marchingegno*. Conseguentemente, non si rende completamente conto che la sua contro resistenza non è solo una scarsa permissione, ma è incitata dalle figure che vengono contestate: analogamente alle riforme apparentemente pro socialiste, pro popolari, che *Otto von Bismarck* attuò, con grande furbizia, nella sua Germania del 1800, proprio per ridurre il pericolo concretamente socialista, il capitalismo globale e I suoi governi ci concedono le proteste nei limiti in cui si contesti come si partecipi al suo sviluppo, e non questo contributo forzato in sé. Così le ondate ribelli degli animi che iniziano a svegliarsi vengono nuovamente sedate, ed eccoci non solo punto a capo, ma anche in una posizione peggiore della precedente.
Da questa contraddizione prende forma l'anarco nichilismo: *non possiamo dire di esserci fatti soggiogare dal Potere, perché abbiamo opposto resistenza, eppure è successo comunque perché questo Dominio si pone come insormontabile.*
Così aspettiamo un risveglio di massa per agire, non rendendoci conto che è tutto minuziosamente scritto nel copione capitalista: allora ecco che arriva l'*Anarchico*, in senso assoluto, che non vuole più riformare i margini della società entro i quali nasce, ma *distruggere gli stessi concetti di società e le sue periferie ideologiche in sé.*
Citando nuovamente "*Il ronfo del gatto. Ovvero breve riflessione sull'anarchia e su cosa l'attende.*":
"*Il Dissidente è un Asociale e un Asociale non può essere semplicemente enucleato con l'assoluta certezza di aver ecciso ogni sua possibile influenza sociale; deve essere isolato, indicizzato e confutato nelle sue obiezioni per poi essere elevato a caso esemplare di pericolo*

pubblico che ha minacciato non una collettività informe ma ogni Singolo suo appartenente nella sua dimensione domestica. L'Anarchico, in questa visione, è l'Asociale per eccellenza in quanto privo di punti di contatto e di mediazione non con la Società umana ma con le Autorità che non può sopportare che egli possa, semplicemente vivendo, fornire un modello di Esistenza/Felicità alternativa che prescinda dalla collana di false perle (Capitalismo- Benessere-Liberta-Stato) regalata alle masse; non potendo, inoltre, criminalizzarlo alla radice per evitare che possa esser percepito come Martire da una popolazione resa indistintamente sensibile alle mitologie eroiche che l'Occidente utilizza periodicamente per rinverdire la propria autostima sociale, l'Anarchico viene incistato, isolato e spiegato con un approccio pseudo-riduzionista volto a percepirlo come un prodotto di una rabbia sociale autoindotta da compatire, temere, eventualmente "curare", in ultima istanza, eliminare utilizzando tutti gli strumenti dati dalla cornice statale e dagli apparati di Informazione e didattico a sua disposizione. (56)".
Anche da qui l'origine della semplificazione dell'Anarchico (non necessariamente nichilista) come individualista.

Altre motivazioni che coronano questi eccellenti passi possono essere, strettamente legate a ciò appena detto, l'*imborghesimento* generale dell'uomo.
Anche il più rivoluzionario e controcorrente si presenta titubante quando sul precipizio dell'anticonformismo reale, concreto, che rischia di spingerlo per davvero non ai margini della società, ma ancora oltre; anche il più oppresso si è, forse per meccanismo di difesa, forse manipolato dal Capitale (e probabilmente entrambi), in qualche modo riuscito ad ergere, in modo stranamente autoreferenziale, al di sopra della propria posizione reale, su un gradino in più, scendendo mano a mano che tenta di salirci.
Si tenta di rivoluzionare lo scheletro socio-politico-culturale con gli stessi mezzi tramite cui si è costruito quello attuale, e negli stessi limiti in cui questo nasce e si assolutizza, senza mai morire.
Abbiamo sperimentato un *imborghesimento dell'intelletto e dell'anima*, per cui i nostri modi di fare risultano inefficienti non perché rivoluzionari, ma proprio perché con la stessa fisionomia del sistema a cui ci opponiamo: *predichiamo bene e razzoliamo male*, data la tendenza

dell'estrema sinistra ad assolutizzare e profetizzare un destino comunista nello stesso modo in cui l'economia capitalista si è, autoreferenzialmente, eternizzata e fossilizzata.

L'uomo post-hegeliano, orfano di un Dio, ne ha creato uno nuovo: il capitalismo da un lato, Marx dall'altro. E l'idolatrazione del secondo è ancor peggiore di quella del primo: se questo *deve* essere considerato eterno, assoluto, finalità storica, il secondo ha sempre insistito sul <u>*non*</u> fare ciò, avendo a fondamento principale della propria filosofia la relatività e flessibilità della storia.

Programmiamo di spostare il Potere da un punto a un altro, non comprendendo che:

1: a forza di sognare, sperare, aspettare la metafisica discesa in Terra della rivoluzione come quella del Cristo, non si sta lavorando affatto verso tale obiettivo, e

2: *il problema non è chi detiene la forza, ma distruggere questa stessa nozione di dominio.*

Di conseguenza, anche la più rivoluzionaria delle rivoluzioni che si pone come una grande massa di terrore in realtà è un mucchietto di polvere riformista sotto un tappeto

Come disse *Pier Paolo Pasolini*: "*Ho nostalgia della gente povera e vera e che si batteva per abbattere il padrone senza diventare quel padrone.*"

Se in parte la colpa non è della gran parte degli uomini degli ultimi 80 anni, perché i conflitti mondiali sono stati da loro subiti e non causati, dall'altra non è più tempo di giustificazionismo.

Nel 2024, le condizioni materiali del nostro periodo si presentano come assolutamente inedite a qualsiasi altra epoca storica precedente. Abbiamo ogni singolo mezzo di conoscenza e ragionamento a portata di mano ancor prima che il nostro cervello lo razionalizzi completamente: non essere coscienti è ormai una scelta, e chi è causa del suo mal pianga sé stesso.

Come possiamo credere ad un mondo radicalmente nuovo, se chi se ne professa il Messia è bloccato ad uno schiavismo ideologico extratemporale, perché mai stato così cieco e anacronistico come ora?

Come posso pensare che saremo capaci di formare nuovi uomini, se a crearli saranno quelli meno rinnovati?

Come posso credere alla rivoluzione mondiale, se tutti ne parlano ma nessuno vuole farla?
Come posso crederci se il fare rivoluzionario dei nuovi militanti è uno volutamente riformista e conservatore?
Come posso credere di aver torto, se queste parole hanno appena provocato in te grande irritazione nei miei confronti?

Uomo, la tua testa è infestata; hai delle ruote nella testa! Immagini grandi cose e ti descrivi un intero mondo di dei che ha un'esistenza per te, un regno spirituale al quale supponi di essere chiamato, un ideale che ti chiama. Hai un'idea fissa!

-Max Stirner, *l'Unico e la sua proprietà*

Capitolo 2

Influenze sull'anarco nichilismo

Ho provato ad ordinare i personaggi citati in questo capitolo per vastità d'influenza.

Naturalmente, capolista sarebbe (ed è) *Friedrich Nietzsche*, riferimento principale nel nichilismo contemporaneo assieme a *Max Stirner*, che potete vedere a pag. 54.

Tuttavia, ho già preso abbondantemente in esame i punti cardine della sua filosofia nel capitolo precedente, nella micro sezione appositamente dedicatagli all'interno della macro sezione *Cos'è il nichilismo* (pag. 18); dunque, la sua presenza in questo capitolo sarà fortemente minoritaria.

Sentiremo molto la sua presenza solo in due istanze:

1: Questa sezione, la sua, in cui però mi soffermerò nello specifico sul suo saggio *"Al di là del bene e del male: Preludio di una filosofia dell'avvenire" (1886)*;

2: Nella 3° sezione (pag. 61), dedicata a *Max Stirner*, che spesso confronteremo con l'altro padre fondatore del nichilismo.

Ho trattato così nel dettaglio la filosofia nietzscheana nel capitolo precedente perché talmente di rilievo da essere, a mio parere, necessaria ad una comprensione corretta del nichilismo; mentre le tendenze che prenderò in esame da qui in poi sono importanti, ma non obbligatorie (forse fatta eccezione per la 2° e la 3° sezione) da conoscere, quella dell'autore di *Röcken* non può essere ignorata, e va assolutamente trattata come premessa obbligatoria per l'assimilazione del nichilismo anarchico.

L'opera che prenderò in esame ora, *Al di là del bene e del male*, contiene princìpi, come vedrete, sempre estremamente affini all'anarchismo e propri del nichilismo, ma in un senso più generico; non a caso questo libro è consigliabile leggerlo alla fine, e non all'inizio del cammino all'interno dell'opera nietzscheana. Trattarla in precedenza avrebbe diluito il discorso in modo inutile, come trattare la micro sezione *Friedrich Nietzsche* (pag.22-27) ora avrebbe reso inutile e incomprensibile tutto ciò che ha portato a questo capitolo.

Friedrich Nietzsche

"Al di là del bene e del male: Preludio di una filosofia dell'avvenire" *(1886)* è uno dei testi filosofici più importanti del 1800.
Suddiviso in 9 parti (precedute da una *Prefazione* e concluse con la poesia finale *"Da alti monti. Epodo"*), è un insieme di 296 aforismi che ha violentemente sconvolto il modo tradizionale di guardare alla storia del pensiero filosofico.
Nonostante ogni parte si soffermi su uno specifico macrotema, il filo conduttore della raccolta è un'aspra *critica all'assenza di senso critico nei filosofi, il loro dogmatismo, la loro accettazione passiva di una morale universale e la messa in discussione degli stessi istinti propulsori dietro la ricerca di verità assolute ("Va bene, vogliamo la verità; ma perché non piuttosto la falsità? E l'incertezza? Anzi l'ignoranza? Il problema del valore della verità ci si è fatto innanzi - o siamo noi che ci siamo fatti innanzi al problema? Chi di noi è qui Edipo? Chi la sfinge? Sembra che si siano dati convegno interrogazioni e punti interrogativi. (57)".*

Questo passo tratto dall'*Aforisma 1* della *Parte prima, "Dei pregiudizi dei filosofi"*, funge da ottima introduzione a ciò qui discusso.
Nella prima parte (ma anche nella seconda) *Nietzsche* prende in esame alcuni dei filosofi principali, da *Platone* a *Kant*, da *Spinoza* a *Cartesio* ad ancora *Schopenhauer*, e li accusa tutti, sulla base di critiche estremamente ragionate e fondate, di dogmatismo e finta neutralità (*"quanta timidezza e vulnerabilità tradisce questa mascherata di un eremita malato!* [58]), arrivando ad una conclusione.
Recita l'*Aforisma 6:*
"io non credo che il padre della filosofia sia un «istinto di conoscenza», ma che un altro istinto, qui come altrove, si sia servito della conoscenza

(e della misconoscenza!) come di uno strumento. Ma chi considera gli istinti fondamentali dell'uomo per vedere fino a che punto proprio essi possano essere qui entrati in gioco come geni ispiratori (o demoni e coboldi), troverà che essi hanno tutti fatto già una volta filosofia e che ciascuno di essi cerca fin troppo volentieri di presentare proprio se stesso come scopo ultimo dell'esistenza e come signore legittimo di tutti gli altri istinti. Giacché ogni istinto è assetato di dominio, e come tale cerca di filosofare. (...) nel filosofo non c'è assolutamente niente di impersonale; e in particolare la sua morale fornisce una testimonianza decisa e decisiva su ciò che egli è vale a dire in quale disposizione gerarchica gli istinti più profondi della sua natura si trovino gli uni rispetto agli altri (59).".

Non lasciando spazio per nessuno, *Nietzsche* analizzare la storia della filosofia in modo critico, polemico, non per questo screditante, ma non utilizza mezzi termini:
"bisogna andare ancora oltre e dichiarare la guerra, una guerra spietata, all'ultimo sangue, anche al «bisogno atomistico», che conduce ancor sempre una vita postuma pericolosa, in campi dove nessuno lo sospetta, in tutto simile al più famoso «bisogno metafisico» si deve anzitutto dare il colpo di grazia anche a quell'altro e più funesto atomismo che il cristianesimo ha insegnato nel modo migliore e più a lungo, l'atomismo delle anime. Ci sia permesso indicare con questa espressione quella credenza che concepisce l'anima come qualcosa di indistruttibile, di eterno, di indivisibile, come una monade, come un atomon: questa credenza dev'essere estirpata dalla scienza! Detto fra noi, non è affatto necessario in tal caso sbarazzarsi dell' «anima» stessa (60)", "*sbarazzarsi una buona volta della seduzione delle parole! (61)"*

Nietzsche conclude la prima parte scagliandosi con brutale violenza contro la nostra tendenza al dogmatismo e l'assolutizzazione, constatando chiaro e tondo che tutti i preconcetti apparentemente scontati ed eterni della filosofia siano dei prefabbricati umani:
"Che i singoli concetti filosofici non siano niente di libero, niente che si sviluppi di per sé, ma concrescano in reciproca relazione e affinità; che essi, per quanto vengano fuori, apparentemente, all'improvviso e arbitrariamente nella storia del pensiero, appartengano a un sistema alla

stessa stregua di tutti quanti i membri della fauna di un continente: ciò si rivela infine anche nella sicurezza con cui i filosofi più diversi adempiono sempre di nuovo un certo schema fondamentale di filosofie possibili. Sotto un potere invisibile, ripercorrono sempre di nuovo la stessa orbita; e sebbene si sentano indipendenti l'uno dall'altro con la loro volontà critica o sistematica, qualcosa in loro li induce, qualcosa in loro li spinge l'uno dopo l'altro in un determinato ordine, quello appunto della suddetta sistematicità o affinità innata dei concetti (62) (...) concetti, ossia finzioni convenzionali che servono per indicare e intendersi, ma non per spiegare. (...)
Nell'«in sé» non c'è niente delle «connessioni causali», della «necessità», dell'«illibertà psicologica», qui «l'effetto» non consegue dalla «causa», qui non vige nessuna legge. Siamo soltanto noi che ci siamo inventati le cause, la successione, la complementarità, la relatività, la costrizione, il numero, la legge, la libertà, il motivo, il fine; e se introduciamo, se frammischiamo alle cose questo mondo di segni come «in sé», la mettiamo ancora una volta come l'abbiamo sempre messa, cioè in mitologia. La «volontà non libera» è mitologia; nella vita reale si tratta sempre e solo di volontà forte o debole (63) "
Conclude con l'*Aforisma 23*:
"Una vera fisio-psicologia deve lottare nel cuore del ricercatore con resistenze inconsce, ha «il cuore» contro di sé; (...).avanti! stringendo ora bravamente i denti! aprendo bene gli occhi! la mano salda al timone! Così filiamo diritto al di là della morale, schiacciando e stritolando forse i nostri propri residui di moralità mentre volgiamo e arrischiamo la nostra navigazione in tale direzione - ma che importa di noi? (64)".

La *Parte seconda*, *"Lo spirito libero"*, procede su questa strada, al punto da poter essere considerata una continuazione più messa a punto della prima:
"O sancta simplicitas! In quale strana semplificazione e falsificazione vive l'uomo!" - recita la prima riga del primo aforisma - *"Come abbiamo fatto tutto chiaro e libero e facile e semplice intorno a noi! (65)"*.
Mettendo in guardia "filosofi e amanti della conoscenza dal soffrire per amore della verità! (66)", Nietzsche continua ad osservare il carattere temporaneo della morale umana, costrutto artificiale e che va

assolutamente oltrepassato, per rifarsi ad altre metriche di giudizio delle azioni dell'uomo:

"*recitare la parte dei campioni della verità in terra come se «la verità» fosse una persona così sprovveduta e scalcagnata da aver bisogno di campioni! e proprio di voi, cavalieri dalla trista figura, signori perdigiorno e tessitori di ragnatele dello spirito! Infine lo sapete abbastanza bene che non può avere nessuna importanza che proprio voi abbiate ragione, come anche che finora nessun filosofo abbia ancora avuto ragione, e che potrebbe esserci un più lodevole amore della verità in ogni piccolo punto interrogativo che metteste dietro le vostre parole e teorie preferite (e all'occasione dietro voi stessi) che non in tutti i gesti solenni e gli argomenti trionfali davanti agli accusatori e alle corti di giustizia! Fatevi piuttosto da parte! Andate a nascondervi! (67)*".

È necessario superare la morale, come si è intesa finora e la sua polarizzazione, perché in realtà i veri amorali sono coloro che ne sono schiavi e dietro la loro finta bontà ci sono pulsioni tutto che come si presentano.

Si approfondisce ciò nella *Parte terza, "L'essere religioso"*, riprendendo le premesse della *Prefazione* e rifiutando la religione in quanto rappresentazione dei bisogni interiori di ogni uomo e un mezzo per soddisfare la propria brama di dominio sugli altri; anche alcuni brevissimi aforismi della *Parte quarta* ("*ogni assoluto appartiene alla patologia (68)*" ; "*su ciò che è la «veridicità» nessuno è stato ancora abbastanza veridico (69)*").

Dopo aver affrontato la contraddizione intrinseca di una "*scienza della morale*" e il modo in cui quest'ultimo è nata nella *Parte quinta. Per la storia naturale della morale* e il problema dell'oggettività degli scienziati in *Parte sesta. Noi dotti*, si arriva a *Parte settima. Le nostre virtù*. Qui si discute nuovamente dell'errore nel considerare assoluta la morale ("*è immorale dire: 'Quel che è giusto per uno deve essere giusto per l'altro (70)*".

Nell'ultima e 9° parte (*Parte nona. Cos'è aristocratico?*), Nietzsche insiste, tra le tante cose, sul dover vivere la vita non solo al di fuori della classica "scienza della morale", ma al di fuori di essa.
Al di là del bene e del male.

Pessimismo

Pessimismo: *"disposizione di spirito, naturale o acquisita per dolorosa esperienza di vita, a considerare la realtà nei suoi aspetti peggiori, a giudicare negativamente avvenimenti e situazioni, a prevedere che le cose volgano in ogni caso al peggio.*
Nel linguaggio filos., il termine indica la giustificazione speculativa di un'esperienza negativa e dolorosa del mondo, e si distingue in p. empirico (quello antico e medievale), quando la svalutazione colpisce soltanto il mondo terreno e visibile, in antitesi a un migliore aldilà, e in p. metafisico (quello ottocentesco teorizzato da A. Schopenhauer), se la svalutazione si estende all'universa realtà (71)."
Ancora:
"Il pessimismo è in senso generico un atteggiamento sentimentale che tende a sottolineare gli aspetti negativi di un'esperienza della realtà caratterizzata dall'infelicità e dal dolore.[1] Questa visione, dal punto di vista etico, si traduce in un giudizio di prevalenza del male sul bene (72)."

Arthur Schopenhauer

In filosofia, il più grande esponente del pessimismo è sicuramente *Arthur Schopenhauer (1788-1860)*.

Il suo pensiero getta le fondamenta in un forte pessimismo irrazionalistico, contrapposto all'ottimismo panlogistico hegeliano, e che a sua volta si esprime tramite due diramazioni principali:
-la storia non è progresso, ma costante e incessante ripetizione di disperazione e dolore
-l'essenza del mondo è la volontà di vivere, senza ragione e senza scopo.

Quest'ultima constatazione può far sembrare *Schopenhauer* molto vicino a *Nietzsche*, ma, nonostante alcune somiglianze, questo è uno dei punti su cui si trovano più in opposizione (si veda *Al di là del bene e del male*): mentre per il primo la volontà è un principio astratto a cui è assoggettata ogni forma di vita, per *Nietzsche* essa è il mezzo tramite cui ogni uomo organizza la propria esistenza, sottoponendola quindi al suo dominio, non il contrario.
Tuttavia, il pessimismo schopenhaueriano ha, alla sua base, influenzato molto l'applicazione anarchica del nichilismo.

Contrapponendosi al puro idealismo hegeliano, per *Schopenhauer* l'esperienza vitale è fatta anche di corpo, e in questo troviamo che *la cosa in sé* del nostro essere (concetto aspramente criticato da *Nietzsche* nello scritto precedentemente citato) sia la *volontà di vivere*, che da inconscia diventa poi pienamente conscia.
Così arriviamo al punto focale del pessimismo del filosofo polacco-tedesco: affermare che l'essere sia manifestazione di una volontà implica ammettere una mancanza di qualcosa; il desiderio, essendo quindi mancanza, rappresenta un vuoto, e da qui concludiamo che l'essenza della vita sia il dolore. L'uomo soffre di più, inoltre, rispetto alle altre specie viventi, in quanto conscio della sua volontà come mancanza.
"*Ogni volere scaturisce da bisogno, ossia da mancanza, ossia da sofferenza. A questa da fine l'appagamento; tuttavia per un desiderio che venga appagato, ne rimangono almeno dieci insoddisfatti; inoltre la brama dura a lungo, le esigenze vanno all'infinito; l'appagamento è breve e misurato con mano avara. Anzi, la stessa soddisfazione finale è solo apparente: il desiderio appagato dà tosto luogo a un desiderio nuovo: quello è un errore riconosciuto, questo un errore non conosciuto ancora. Nessun oggetto del volere, una volta conseguito, può dare appagamento durevole [...] bensì rassomiglia soltanto all'elemosina, la quale gettata al mendico prolunga oggi la sua vita per continuare domani il suo tormento (73).*".
Di conseguenza, tutto ciò che noi umani percepiamo come gioia è semplicemente un momento di cessazione temporanea del dolore.

Da ciò traiamo che la felicità è un surrogato del dolore, elemento strutturale della vita: purché ci sia piacere deve esserci stato dolore, ma al contrario si può provare dolore anche senza piacere.
Quando poi il dolore si fa sentire di meno, subentra la noia, ed ecco che *la vita si presenta come nient'altro che un pendolo in costante oscillazione tra la noia e il dolore, e che ogni tanto passa, fugacemente, per un punto di piacere, di gioia.*

Il fulcro del pessimismo è questo.
Schopenhauer elabora un percorso tramite la quale espiarsi dal dolore, articolato in:
-*arte*
-*morale*
-*ascesi*,
ma noi ci soffermeremo solo sul suo fine generale.
Quello che il filosofo vuole fare tramite questi tre passaggi è liberarsi dello stesso desiderio di vivere, di godere: *la soppressione della volontà di vivere come unico vero atto di libertà possibilmente perseguibile dall'uomo.* Così si arriva all'esperienza del *nulla*, non inteso come banale niente, ma come negazione del mondo stesso, in quanto negazione della volontà di vivere.

Questo cammino verso la liberazione viene preceduto da una premessa: *la condanna al suicidio.*
Il suicidio non è contemplato per due motivi:
1: nega la vita, non la volontà di questa, e anzi, ne è una forte manifestazione
2: sopprime la manifestazione fenomenica della volontà di vivere, non questa in sé.

Differentemente, invece, pensò e agì un altro filosofo tedesco, estremamente sottovalutato, ma che viene definito addirittura più pessimista di *Schopenhauer* e che è colui da cui *Nietzsche* ha ripreso il concetto della *morte di Dio, fondamentale* nell'anarco nichilismo.

Philipp Mainländer

Originariamente nato *Batz*, a *Offenbach am Main*, in Germania, alla quale dedicò il suo nuovo cognome, *Philipp Mainländer* (1841-1876) è "*forse il più radicale sistema pessimistico noto in tutta la letteratura filosofica mondiale (74).*".

Influenzato principalmente da due autori, *Giacomo Leopardi* e *Arthur Schopenhauer*, al punto che il giorno in cui ha scoperto l'opera di quest'ultimo è stato definito (da lui stesso) "*il più importante della sua vita*", ha riassunto il suo pensiero in una sola opera: "*La filosofia della redenzione*".

Schopenhauer è stato il suo grande maestro, e le sue conclusioni sono, fondamentalmente, una costante rielaborazione del pensiero del primo in chiave ancora più radicale. Se *Schopenhauer* trova la concezione delle cose in sé nella volontà di vita, *Mainländer* la trova in quella di morte; l'ultimo sostiene che il non essere sia meglio dell'essere, e quindi tutto nasca per annullarsi, dunque qualsiasi cosa noi percepiamo è una manifestazione di questa volontà di auto annullamento.

Le sue posizioni così ambigue si riflettono anche in ambito politico:
"*egli si batteva per il socialismo non perché fosse convinto che questo avrebbe reso felici gli uomini, ma al contrario perché era convinto che, allorché gli uomini avessero risolto i loro problemi più prosaici, si sarebbero potuti rendere conto che questo non avrebbe affatto risolto la loro inadeguatezza ontologica, anzi, per paradosso, l'avrebbe aggravata; ma, finalmente liberi da sviamenti mentali, avrebbero potuto (forse) inquadrarla e superarla (75).*".

Comunque, da quest'idea di volontà, che nasce "*dal processo attraverso il quale la sostanza divina originaria trapassa dalla sua unità trascendente alla pluralità immanente del mondo*" *Mainländer* afferma che "*Dio è morto e la sua morte fu la vita del mondo*".
Da questa idea che *Dio è morto suicida*, *Nietzsche* dirà invece che *Dio è morto a causa dell'uomo*.

Se per uno la morte di Dio è un omicidio, per l'altro è un suicidio.

La "*auto cadaverizzazione di Dio*", però, non va interpretata come qualcosa di triste: è Dio che soddisfa e materializza il suo desiderio primario di tornare al nulla, né in positivo né in negativo, seguendo semplicemente il corso naturale dell'esistenza. E forse questo desiderio deriva dalla credenza, condivisa con *Immanuel Kant*, nell'impossibilità di conoscere il *noumeno*.

«Ma al fondo, il filosofo immanente vede in tutto l'universo il più profondo desiderio di un assoluto annichilimento ed è come se udisse chiaramente l'invocazione spingersi attraverso tutte le sfere celesti: Redenzione! Redenzione! Morte alla nostra vita! e la consolante risposta ad essa: - voi tutti troverete l'annichilimento e sarete redenti».

Con questo *Mainländer* intende dire che il suicidio è *l'unico modo per redimersi dall'esistenza e le sue sofferenze*, opponendosi completamente al suo maestro.

E per questo motivo il discepolo scrive una sola opera: dopo aver ricevuto la copia di questa, tra la notte del 31 marzo e il 1 aprile 1876, *pone fino alla sua vita, impiccandosi*. Dopo aver terminato quello che credeva essere il suo compito, ha messo in pratica quanto ci credesse, e a soli 35 anni si è davvero liberato dalla sofferenza della vita per mano sua.

Nonostante comprendiate bene, quindi, come alcuni concetti nello specifico non siano ripresi nella filosofia nichilista e la sua applicazione politica, la linea generale che seguono è stata fondamentale al loro sviluppo, e non è difficile capirne il motivo.

Ma chi davvero porta ormai il peso dell'anarco nichilismo sulle sue spalle è un altro, ed è un nome che fa ancora paura pronunciare.

Egoismo stirneriano

Quello di *Max Stirner* (1806-1856), pseudonimo di *Johann Caspar* Schmidt, è un nome che, probabilmente contro la volontà di *Stirner* stesso, porta in sé una responsabilità e un carico, filosofico e politico, enorme.

Il suo nome d'arte deriva da un soprannome che gli era stato dato dai compagni di scuola a motivo della sua alta fronte (*Stirn*); è un nome pesante, la cui eco si può sentire anche nella stanza più affollata e caotica e che si muove a passi pesanti, che fanno sobbalzare chi poggi i piedi su quello specifico terreno in quel momento, e nel corso di due secoli la situazione non è mai cambiata.

Considerato da alcuni un precursore della psicanalisi, viene considerato ormai il *padre* dell'*anarco nichilismo*; Se *Nietzsche* ne è il padre *filosofico, Stirner* ne è quello *politico*.

E questo, paradossalmente, perché *Stirner* non ha *mai* utilizzato questo termine. Né nelle sue opere, né per definire sé stesso. Non si è mai definito nulla, né anarchico, né qualsiasi altra cosa, ma è considerato un grande libertario proprio per ciò; dall'altro lato, però, questo ha portato la sua folla di sostenitori ad essere estremamente eterogenea, passando da anarchici a fascisti ad antipolitici (in Francia, tuttavia, bisogna specificare che il pensiero stirneriano venne politicizzato molto più a sinistra, mentre rimase più interpretabile in America). Questa, però, è la naturale conseguenza di una filosofia volutamente così libera e vaga come la sua, fatta di semplici osservazioni, non nate per creare un'ideologia unitaria o porsi come guida a capo di qualche movimento. Per questo, nei suoi scritti batte il cuore pulsante dell'anarco nichilismo.

Se da una parte il *non-ideale* stirneriano è facile da comprendere perché *assoluto* (nel senso di sciolto dal vincolo di creare dogmi e un'ideologia al fine di creare un movimento) e autoreferenziale, partendo consistendo in semplici osservazioni etico-morali, al contempo è di difficile interpretazione proprio per ciò.

Il concetto alla base però è chiaro: *l'importanza dell'Io.*
Per questo *Stirner* viene considerato rappresentante dell'*anarco individualismo* e, più specificatamente, dell'anarco egoismo, corrente nata propria dall' "*ego*" nominato nelle sue opere, anche se, più avanti, faremo un appunto su ciò.

Prima di addentrarci nei meandri più profondi del suo pensiero, però, è importante comprendere che l'individualismo stirneriano <u>non</u> è l'individualismo capitalistico.

L'individuo costantemente esaltato dal sistema capitalista non è altro che un mero concetto puramente astratto, manovrato come una marionetta dalle viscide mani del *Potere*, che nella sua costante esaltazione non è, in realtà, assolutamente niente e nessuno; qui troviamo una delle tante contraddizioni intrinseche del capitalismo, che atomizza gli individui più che può, facendoli risultare l'unica cosa importante in società, ottenendo soltanto la loro totale spersonalizzazione. Il singolo individuo nel capitalismo del XXI secolo, infatti, non è altro che un vuoto simulacro di sé stesso; non indica più un soggetto a sé stante, quanto l'atteggiamento degli uomini nei confronti dei loro simili in questa gabbia. Un atteggiamento di isolamento, competizione, sfiducia, sospetto: questo è l'individuo, che poi però non presenta altre caratteristiche. Il singolo esiste, anche nella sua forma più atomizzata e solitaria, solo e soltanto in relazione all'altro.
Il capitalismo spinge gli individui a staccarsi dalla collettività per impedir loro di prendere coscienza e organizzarsi contro di esso, ma, nel loro isolamento verso cui li spinge, non offre un'alternativa: vivere male in società perché scoraggiati dal farlo o autocadaverizzarsi e diventare il proprio stesso fantasma sotto i propri stessi occhi (un po' alla *Mattia Pascal*) svuotati della propria essenza umana, questo è il dilemma.
Nel pensiero stirneriano, invece, è tutto il contrario: l'individuo viene esaltato al massimo nella sua dimensione più fisica e reale, concreta, al fine di farlo sbocciare. Il singolo viene creato a partire dall'osservazione di esso nel reale, contrariamente al capitalismo in cui si generano esseri umani a partire da concetti fantastici, *mitologici*.
Se nell'attuale stato di cose l'individuo non ha alcun potere, per *Stirner* invece lo detiene tutto, ma non in modo meschino, opprimente: il singolo

ha piena libertà nella gestione del corso della propria vita, non degli altri. L'*Altro* non viene preso in considerazione non in senso, potremmo dire, comunemente, asociale, ma perché ogni persona dovrebbe preoccuparsi di come poter agire sulla propria esistenza, non quella altrui. Siamo tutti innegabilmente legati in una fitta rete sociale dalla quale non possiamo scappare, ma ciò che ci succede in questo labirinto è comunque secondario: primaria è la reazione che abbiamo e come reagiamo.

"*Io rifiuto un potere conferitomi sotto la speciosa forma di "diritti dell'uomo". Il mio potere è la mia proprietà, il mio potere mi dà la proprietà. Io stesso sono il mio potere (...) e per esso sono la mia proprietà (76).*".

Questa citazione deriva dalla sua opera più importante, "*L'unico e la sua proprietà*". Su di essa va fatto un appunto.
In inglese è stata tradotta come "*The ego and its own*". Tuttavia, il tedesco è una lingua particolare, aperta a molte sfumature di significato, e il titolo originale dello scritto, "*Der Einzige und sein Eigentum*", non è propriamente traducibile con "*ego*".
La definizione del suo pensiero come così "egoista", appunto, è quindi non solo non completamente propria di *Stirner* stesso, ma neanche del tutto accurata.
Lo è perché Stirner nega esplicitamente di sostenere una posizione filosofica assoluta, aggiungendo che dovendosi assegnare a un "*-ismo*" sceglie che sia l'egoismo, in quanto antitesi di tutte le ideologie e atteggiamenti sociali più tradizionali, ma la nostra concezione comune di egoismo, applicata alla sua, è decisamente poco affine.

Stirner non crede in un egoismo borghese, ma in una società di egoisti basata sul rispetto reciproco, e *non* difende il potere dell'individuo di dominare gli altri. Nella sua filosofia dell'autorealizzazione è implicito ciò che *Nietzsche* introdurrà come volontà di potenza positiva e priva di risentimento, volontà di superare se stessi.

Stirner decide di dedicare la sua vita al perseguimento della *libertà individuale* in quanto impossibile trovare un compromesso tra libertà assoluta (la libertà di un individuo non può coincidere con quella di un altro individuo) e quella conseguentemente determinata (che non è quindi vera libertà).

A *Stirner*, tuttavia, non interessa realizzare l'ideale filosofico della libertà su scala imo aspettata, ma avere la libertà: l'uomo diventa libero se riesce a sottoporre la libertà al proprio volere, nei limiti della propria situazione. Per questo, nonostante l'autore non si sia mai detto di una posizione politica ben specifica, ne viene in modo naturale che la libertà non può avere niente a che vedere con qualsiasi istituzione. Il diritto viene elaborato con strumenti esterni all'individualità di chi ne è soggiogato, e quindi i diritti si presentano come pure concessioni, non atti della libertà. Non pensiate, però, che quindi *Stirner* si rifaccia ad un'azione politica ultra democratica: a lui interessa *l'individualità*, non opere di azione collettiva, e la sua polemica si concentra sull'impossibilità di appropriarsi singolarmente del diritto in quanto permissione statale.

Come non difende il diritto di un uomo di sovrastarne un altro, *Stirner* riconosce la socialità innata dell'uomo. Quello che non è di suo gradimento sono le interazioni sociali forzate; è normale che nell'associarsi si rinunci ad alcune libertà, ma ciò che non viene accettata è la limitazione della propria individualità cosa che si ritrova nello Stato e nella società rigida. La differenza tra *Stato* e *Associazione* non sta quindi nella limitazione della libertà, ma nel differente rapporto che si instaura tra l'individuo e le varie forme sociali e di organizzazione. L'individuo deve restare il primo canone di valutazione, e nessun ideale, pensiero politico, organizzazione, può mettersene al di sopra:
"L'uomo non ha bisogno di Dio, perché egli solo è Dio di sé stesso. Il suo interesse deve essere rivolto al suo "esclusivo" benessere. (77)".

Nonostante il suo *Unico* non ebbe inizialmente grande successo, presto divenne fondamentale nella storia del pensiero anarchico, di qualsiasi declinazione fosse. È stato talmente importante da ritrovarsi anche in accordo con il pensiero di *Marx*, che invece lo aveva, prevedibilmente, accusato di essere un *"filosofo piccolo borghese"*: il socialismo scientifico, materialista, alla fine, era nato il contrapposizione al socialismo utopistico, giudicato negativamente sia da *Marx* che *Stirner* perché basata su presupposti metafisici e illusori.

Stirner era infatti l'oppositore numero uno dello schiavismo ideologico, dichiarando di fare polemica «non al pensiero, ma al pensiero santo, non contro i socialisti, ma verso i socialisti santi».

In senso generale, questa concezione materialista (anche se, in *Stirner*, decisamente più in chiave anarchica) era ripresa anche da personalità molto lontane dall'anarchismo, come *Mao Tse-Tung*:

"Sia il dogmatismo che il revisionismo si oppongono al marxismo. Il marxismo deve necessariamente avanzare, svilupparsi parallelamente allo sviluppo della pratica, non può essere statico. Se rimanesse stagnante e stereotipato non avrebbe più vita. Tuttavia non si possono violare i principi fondamentali del marxismo senza cadere nell'errore. Considerare il marxismo da un punto di vista metafisico e come qualcosa di rigido, è dogmatismo. Negare i principi fondamentali e la verità universale del marxismo è revisionismo, cioè una forma d'ideologia borghese. I revisionisti cancellano la differenza tra il socialismo e il capitalismo, tra la dittatura del proletariato e quella della borghesia. Ciò che sostengono di fatto non è la linea socialista, ma la linea capitalista. Nelle attuali circostanze, il revisionismo è ancora più nocivo del dogmatismo. Uno dei nostri compiti importanti sul fronte ideologico è attualmente quello di criticare il revisionismo (78).".

"Stirner differenzia poi la rivoluzione dalla ribellione (Empörung), asserendo che la prima serve a eliminare delle istituzioni e crearne altre mentre la seconda deriva dall'insoddisfazione dell'individuo per un impeto egoistico e non sociale e politico che porta al sottrarsi da ogni istituzione possibile:

«Rivoluzione e Rivolta non devono essere presi per sinonimi. La prima consiste in un rovesciamento dello stato di cose esistente, dello statuto dello Stato o della Società: essa è dunque un atto politico o sociale. La seconda, pur comportando inevitabilmente una trasformazione dell'ordine costituito, non ha in questa trasformazione il suo punto di partenza. Essa deriva dal fatto che gli uomini sono scontenti di se stessi e di ciò che li circonda. Essa non è una levata di scudi, ma un

sollevamento di individui, una ribellione che non si preoccupa assolutamente delle istituzioni che potrà produrre. La rivoluzione ha come obiettivo delle nuove istituzioni. La rivolta ci porta a non lasciarci più amministrare ma ad amministrare da soli. La rivolta non attende le meraviglie delle istituzioni future. Essa è una lotta contro ciò che esiste. Una volta riuscita, ciò che esiste crolla da solo. Essa non fa che liberare il mio Me dallo stato di cose esistente, il quale, dal momento in cui me ne congedo, viene meno e cade in putrefazione!»

La ribellione è collegabile alla versione individualista della *Verwirrung* di *Mikhail Bakunin* e agli anarchici «*distruttori*». (79)".

Nonostante *Marx* sia quindi stato molto influenzato da *Max Stirner*, quello che ne detiene il primato è sicuramente *Friedrich Nietzsche*, che si preoccupò addirittura di venire accusato di plagio nei confronti del filosofo bavarese.
"*Sia Stirner che Nietzsche attribuiscono primaria importanza all'individuo che crea se stesso; entrambi sottolineano le nozioni di processo e flusso, di realizzazione e divenire; entrambi disdegnano l'azione priva di fantasia, poco giocosa e strumentale. Il loro anarchismo rifiuta l'autorità esterna sulla base del fatto che questa inibisce l'esplorazione e l'invenzione fornendo all'individuo modelli di azione prestabiliti. Nel complesso, entrambi i filosofi puntano al valore centrale della creatività: l'artista è il paradigma più appropriato sia per l'egoista che per l'Übermensch. In effetti, la dialettica dionisiaco-apolloniana di Nietzsche costituisce una definizione del processo creativo. La sua struttura può essere individuata nella teoria di Freud dei processi primari (Es) e secondari (Io) in azione nella formazione dei sogni, così come nella più recente teoria psicoanalitica dell'arte di Ehrenzweig. Dà inizio a una tradizione nella teoria estetica che potremmo chiamare anarco-psicologica, cioè una tradizione che sostiene un equilibrio tra le due funzioni psichiche in gioco, e sottolinea che troppa razionalità è ideologica sia nel riflettere che nel perpetrare una repressione della processo primario, soffocando così l'immaginazione. Questi punti di vista sono oggi diventati una verità ovvia in un certo numero di scuole di*

filosofia educativa, come è successo nei rami della psicoterapia influenzati dall'esistenzialismo. (80)".

Ancora:

"Alla base delle innovazioni filosofiche di Stirner e Nietzsche c'è l'ontologia: la loro prospettiva radicalmente nuova sulla religione, sulla morale, sulla vita politica e sociale, deriva dal loro atteggiamento nei confronti dell'essere. Tutta la loro opera parte dalla convinzione che esista un ordine primario di realtà di cui si può dire soltanto che l'individuo esiste, che "io sono!". L'individuo prima esiste e poi comincia a definire se stesso. Le essenze, la dimensione comunicabile e socialmente mediata del carattere individuale, appartengono al secondo ordine della realtà. Dietro di loro c'è una forza inconscia, irriducibile, mai realizzabile o comprensibile, una coerenza inviolabile: l'individuum. Questo è il terreno di der Einzige, quello unico, il regno di quello che Stirner chiama il suo 'nulla creativo'. L'esistenzialismo, il cui interesse filosofico primario è stato rivolto alle questioni dell'essere, di das Wesen o l'être, e in particolare all'assioma secondo cui l'esistenza precede l'essenza, ricevette la sua prima affermazione moderna ben sviluppata nel 1844. Heidegger e Sartre, come Nietzsche, trascurano l'uomo che, su una serie di questioni fondamentali, è il loro precursore più significativo. (81)."

Non è quindi difficile capire come mai Max Stirner sia considerato il primo vero teorico dell'anarco nichilismo.

Ma se ancora non foste convinti:

"Io dico: *liberati quanto puoi e avrai fatto ciò che sta in tuo potere; infatti non è dato a tutti di superare ogni barriera, ossia, per parlare più chiaramente non per tutti è una barriera ciò che lo è per alcuni. <u>Perciò non preoccuparti delle barriere degli altri: è sufficiente che tu abbatta le tue</u>* (82)."

Anti civilizzazione

Come suggerisce il nome, l'*anticiv* (*abbr.*) consiste in un insieme di idee per lo più eterogenee, ma che condividono alla loro base un *sentimento di opposizione alla civilizzazione*.
Ci sono varie considerazioni sulla datazione di questo fenomeno, ma, generalmente, si identifica con l'avvento della prima e, successivamente, seconda Rivoluzione industriale.
Non viene condiviso il carattere coloniale della nozione di civilizzazione globalmente nota, e quindi il modo in cui sia stata assolutizzata e utilizzata come strumento di oppressione nei confronti non solo di altri popoli, ma anche nell'Occidente stesso.
Mai sentito dire il famoso "*non c'è consumo etico sotto il capitalismo*"?
Beh, la stessa retorica può essere applicata un po' a qualsiasi evento sistematico; in questo caso, nessuno è immune e realmente beneficiario degli standard della suddetta "civilizzazione", che non fa altro che tarparci le ali e privarci della nostra libertà.

A cosa si oppone quindi il movimento anti civilizzazione?
La risposta è, prevedibilmente, molto semplice.

La prima entità di cui si auspica la distruzione è, ovviamente, lo *Stato*, *quintessenza della forza oppressiva e disumana della civilizzazione*.
Strumento coercitivo tramite cui controllare i popoli, lo Stato affonda le sue radici, secondo alcuni, già ai tempi della *Mesopotamia*, quando questa istituzione nacque dopo aver sviluppato migliori tecniche di agricoltura, irrigazione, insediamento, ecc. Alcuni sostengono che questo controllo artificiale della natura abbia gettato le basi per lo sviluppo di un'entità che, allo stesso modo, dominasse sopra gli uomini. Nulla è più al sicuro: ogni aspetto della vita umana era ora mercificato e burocratizzato, iniziando il lungo processo di spersonalizzazione dell'Uomo.

Dalla radicalissima critica allo Stato, ogni suo surrogato o alleato ne è ugualmente vittima.
Questo in tutte le sue interpretazioni:

-civilizzazione come sinonimo di vita soggiogata alla *routine capitalista*, che ci costringe a cedere la nostra vita al lavoro, senza venir correttamente ricompensati, e perdendo la nostra personalità in nome di una *Macchina* che neanche ci beneficia;

-civilizzazione come sinonimo di regole sociali che inneggiano ad un certo pudore, un certo ordine: ne viene naturale l'opposizione al patriarcato, all'omotransfobia, razzismo, abilismo, tutti quei *sistemi di oppressione sociali creati per mantenere saldo l'apparato statale* in un unico binario, ergo quello del Potere;

-civilizzazione come sinonimo di *catastrofe animale e ambientale*: dalla rivoluzione rinascimentale in poi, infatti, si è andata irradicando sempre di più nella nostra società l'ideale specista, per cui l'uomo è superiore alle altre specie animali, e che è stato poi, con l'inaugurazione dell'era industriale, coronato con lo sfruttamento estremo della natura in nome del Capitale. L'*anticiv* si pone quindi come *critica antispecista e ambientalista*, per ridare al pianeta ciò che è sempre stato suo e noi gli abbiamo levato ingiustamente, pagandone ampiamente le conseguenze;

-civilizzazione come sinonimo di ideale unitario e schiavista: come *Alfredo Maria Bonanno* disse, "*modificare il metodo di produzione modifica a malapena il metodo di sfruttamento*", e così molti (ma non tutti) *anticiv contrastano qualsiasi forma di produzione industriale e tecnologica, quella socialista inclusa.* Questo punto e quello precedente sono spesso collegati, e ne troviamo l'emblema nel famosissimo *Ted Kaczynski*, meglio conosciuto come "*Unabomber*".

Anticiv è quindi un *termine ombrello*, sotto il quale ricadono numerosissime ideologie diverse, prettamente anarchiche.
Vediamo le due più influenti, in linea generale, nel pensiero *anarco nichilista*.

Anarco primitivismo

Di questa micro tendenza faremo solo un *excursus* generale, in quanto influenza minoritarie e *non sempre* presente all'anarco nichilismo.

Prima di prendere in esame questo controverso movimento, ho una precisazione da fare: *non c'è nulla di intrinsecamente primitivista nel criticare la civiltà contemporanea.*

Di fatto, un giudizio negativo di essa può essere ritrovato in molte, se non effettivamente tutte, le correnti anarchiche, dall'alba dei tempi: d'altronde, la pulsione per la rivoluzione non nasce da un'insoddisfazione nei riguardi della società attuale?

Inoltre, così come è lecito criticare il capitalismo *perché* obbligati a parteciparvi, è comune trovare critiche *anticiv* e *antitech* che non prevedono lo smantellamento dei corpi contestati. Anzi, alcuni *anticiv* vedono l'errore nell'attuale modo di impiego, per esempio, delle risorse tecnologiche e industriali, non in queste in sé.

Detto ciò, l'*anarco primitivismo* è una corrente controversa in primis per il carattere contraddittorio del suo stesso nome.

Infatti, nel voler tornare a stadi storici e antropologici superati perché in disaccordo con la nuova società civile, colpevole di essere parassitaria e aver imposto il suo dominio soprattutto ai gruppi indigeni extra europei ed extra capitalistici, si cade in una piccola, semplice fallacia: queste società "primitive", se usciamo dal mondo occidentale, sono ancora vive e felicemente vegete, e considerarle morte (nel senso di superate, obsolete, anche se in accezione positiva) e arcaiche (come non abbastanza sviluppate) è *perpetuare il ragionamento colonizzatore.*

Cosa vuol dire, infatti, "primitivo", nella nostra mente, se non l'immagine idealizzata di un mondo ancora non del tutto evoluto? Non è disumanizzare chi, in questi canoni extra occidentali, ci vive in carne e ossa? Non è questo idealizzarli e relegarli a un'immagine non solo stereotipata, ma *creata unicamente dal sistema civilizzatore bianco ed europeo per accrescere il suo potere e la sua legittimità*, la sua funzionalità?

Questo scenario poi, potrebbe essere utile per immaginare un futuro successivo al collasso industriale, ma non offre alcuno sguardo sul percorso rivoluzionario da seguire per realizzarlo: l'*anarco primitivismo* risulta quindi *fortemente sterile*, perché non ha come fecondarsi e, anche fosse, fantastica su una realtà oggettivamente *non* realizzabile.

Così come alcuni marxisti tendono a non comprendere il concetto chiave della loro filosofia, il *materialismo storico*, e considerano la rivoluzione comunista un evento *sovrastorico* e assoluto, l'*anarco primitivismo* non afferra la componente *anarco* del proprio nome e non considera il crollo del mondo industrializzato un'istanza da, eventualmente, costruire, ma incrocia le braccia e aspetta che il sistema si accasci su sé stesso in una improvvisa sincope letale.

Questo *analfabetismo storico-filosofico*, se così vogliamo chiamarlo, al posto di distruggere la Macchina capitalista, incenerisce interamente l'*anarco primitivismo*.

L'incapacità di ragionare in ottica materialista, infatti, porta, per logica, ad un'altra importante conclusione, che recide di netto le gambe a qualsiasi premessa rivoluzionaria: non aver compreso che ogni momento storico sia frutto di determinate condizioni materiali e azioni umane, e che conseguentemente solo queste possono portare all'instaurazione di altri, vuol dire concepire la Civilizzazione come un evento finito, passato e stagnante, piuttosto che *parte di un'articolata rete di sistemi oppressivi che agisce attivamente 24/7*.

Una facoltà intellettiva così assopita, e una sterilizzazione di questo calibro della storia umana e della filosofia politica non potranno *mai*, per forza di cose, muoversi in avanti e produrre, creare, cambiare, rivoluzionare, servirsi della *forza distruttrice e creatrice dell'Anarchismo*.

Nonostante le profonde criticità strutturali di questa tendenza, ho ritenuto opportuno ritagliarle uno spazio per una questione di puro *principio*: se lo consideriamo nella sua idea più fondamentale di annichilire la *Civiltà* e il concetto di tempo in modo così radicale e avanguardistico da tornare sui primi passi dell'umanità, non è allora difficile comprendere come mai possa risultare, *a volte*, legata all'*anarco nichilismo*.

Sottolineo *nuovamente* come l'*anarco primitivismo non* faccia *sempre* parte della sfera d'influenza della nostra ideologia iniziale. Tuttavia, ho ritenuto opportuno parlarle per dare un quadro più generalmente e correttamente completo dell'argomento che stiamo trattando.

Ma entriamo ora nel vivo di una corrente ideologica decisamente più affine al nostro caro *nichilismo anarchico*.

Eco pessimismo

Se l'*anarco primitivismo* fa capolino solo occasionalmente nel quadro *anarco nichilista*, l'*eco pessimismo* ne è una componente strutturale *indispensabile* e *condizione necessaria d'esistenza*.

I due hanno infatti un rapporto *viscerale*, in cui il primo viene qui presentato come influenza del secondo ma può essere, in modo intercambiabile, anche il contrario.

L'*eco pessimismo*, come suggerisce il nome stesso, è un'idea secondo la quale il pianeta è destinato al collasso ambientale, e *non c'è via di ritorno*. Analogamente a come *Serafinski* diceva che "*la posizione anarco nichilista è essenzialmente che siamo fregati* (83)", secondo questa corrente la crisi climatica e il declino nella natura in favore della crescita industriale sono eventi *irreversibili*. *Non c'è più tempo*, e, anche nell'eventualità ci fosse, i danni strutturali che l'uomo causa dai tempi della prima Rivoluzione industriale sono troppo profondi per tornare ad uno stato naturale salutare (o almeno nel breve tempo).

Questo perché la considerazione eco pessimista si sviluppa a partire da un'analisi a 360 gradi della realtà.
L'*eco pessimismo*, infatti, crede che le condizioni originali della natura non siano ripristinabili perché per fare ciò servirebbe innescare una catena di decostruzioni altamente (e oggettivamente) improbabili.

L'azione dell'uomo, dalla sua comparsa sulla Terra, ha inevitabilmente un effetto sulla natura: gli stessi concetti di artificialità e natura vanno in contrasto l'uno con l'altro.
Quello che però ha davvero invertito il senso di marcia della produzione umana, soggiogando la natura a essa, e non più il contrario, è stato l'avvento del *capitalismo*, coronato dalla prima e seconda Rivoluzione industriale.
La produzione infinita e sempre crescente di Capitale, infatti, prevede uno sfruttamento delle risorse e una creazione di beni e denaro nettamente superiore a quelli che ha a disposizione e può sostenere. Il

capitalismo è nato *per* essere insostenibile, da qualsiasi punto di vista. In primis quello ambientale: infinita crescita economica implica un infinito sfruttamento del Pianeta, *dunque l'unico modo per fermarne la catastrofe sarebbe il collasso industriale.*

Questo è anche perché è un sistema basato sulla mercificazione, l'oggettificazione, la spersonalizzazione, e questo processo di alienazione si applica anche alla dimensione ecologica: abbiamo dimenticato che per esserci un artefatto deve esserci stato precedentemente, per logica, un prodotto naturale, ed ecco che la culla primordiale della nostra vita, *Madre Natura*, si aliena rispetto a sé stessa e diventa un mero simulacro di sé.

In fondo, *cos'è la natura nel XXI secolo?*

Sappiamo distinguere il vero dal falso? Lo spontaneo dall'industriale?

Sappiamo quale sia la linea di separazione tra processi spontaneamente vitali e processi capitalisticamente meccanicistici?

Il sistema ha messo con le spalle al muro qualsiasi forma di vita, umana inclusa, facendole credere di essere un risultato artificioso di *Esso*, unica forza creatrice legittima; ma la verità è che la sua è un'ondata brutalmente e letalmente distruttrice che neanche lo scoglio più grande può fermare.

L'eco pessimista riconosce nel *terremoto climatico* una *matrice sistemica*, non individuale.

Il capolavoro del capitalismo è propinare un individualismo borghese per cui tutto sia ridotto al singolo, sia nel bene che nel male; ed ecco che processi strutturali vecchi di almeno 2 secoli diventano colpa di poche migliaia di cittadini.

Il singolo consumo etico di questi non avrà *mai* un effetto su larga scala: è questo che intendiamo quando diciamo che *non c'è consumo etico sotto il capitalismo.*

La depressione ambientale è sintomo di una nevrosi industriale di cui l'uomo medio è schiavo *tanto quanto* la natura; è la società consumistica che deve essere annichilita, non le singole scelte di chi vi è obbligato a partecipare.

Da anarco nichilista, ovviamente questo non vuol dire non tentare di sostenere scelte più eticamente e moralmente giuste, proprio per i princìpi ampiamente discussi nel capitolo precedente, ma quello che deve essere limpido e fluido come l'acqua è che queste distinte azioni non ripristineranno mai la situazione ambientale pre età industriale.

Come detto, l'analisi eco pessimista non si ferma qui, perché scaturita (e provocante) una serie di decostruzioni a catena, che non esistono l'una senza l'altra.

Il movimento ambientalista, infatti, deve essere *necessariamente* anti coloniale, anti imperialista e quindi anti razzista.

Il fenomeno *sistemico* del colonialismo, su cui sono fondati I N T E R A M E N T E l'Europa e gli USA, è ciò che ci ha portato a questa situazione in primo luogo; continuiamo a starci sedentariamente perché il colonialismo non è un singolo fenomeno del passato, ma una *struttura attiva su cui si muove parassitariamente l'intera società* (essendo assolutamente eurocentrica) e che la permea ancora come fosse un secondo strato di ozono sopra noi.

Se guardiamo, in modo generico, alle emissioni del Sud Globale, scopriremo che sono nettamente inferiori rispetto a quelle di USA e Europa. Basti pensare che il *Pentagono* sia il consumatore PIÙ GRANDE di combustibili fossili e quindi maggiore inquinatore sul pianeta, eppure non è obbligato a dichiarare le proprie emissioni nei rapporti delle *Nazioni Unite.*

La causa ecologica è *necessariamente, intrinsecamente*, anti capitalista, anti coloniale, anti razzista e anti autoritarismo, ma non può realmente esserlo nei confini di un sistema che verte su tutti questi tipi di oppressione.

Analogamente a come discutevamo in precedenza, l'ambientalismo che vedete in TV è una messa in scena liberale utile al sistema per mantenersi in ordine: concedere qualche parvenza di contestazione per placare gli animi ribelli, illuderli di poter seriamente cambiare dall'interno la situazione ed ecco che ci se ne è felicemente lavati le mani.

Anche quelle riforme applicabili entro gli argini capitalisti non sono realmente attuabili per la stessa natura atomizzante del *Potere*. Prendiamo ad esempio la sostituzione delle macchine con i mezzi di trasporto pubblico.

C'era una citazione che diceva che il benessere di una città si misurasse in base alle sue macchine. Implementare una rete di maggiore qualità di trasporti pubblici per diminuire il numero dei veicoli a singolo vorrebbe dire non solo riformare la struttura delle città, ma soprattutto abbassare (se non eliminare) il prezzo di autobus, treni, navette, e modificare i salari.

Capite quindi che rivoluzionare l'architettura cittadina non è fattibile, non tanto in termini tecnici quanto *ideologici*: le città industriali non sono centri di coabitazione, ma insiemi di singoli soggetti. Eliminare le macchine, simbolo della produzione industriale e dell'individualismo, vorrebbe dire abbandonare una concezione estremamente individualistica dell'esistenza umana per una più davvero naturale, ovvero cooperativa e sociale. Ecco perché la rivoluzione ambientale non è possibile. Perché va contro la natura capitalistica e in accordo con quella scientifica, primordiale, che trasportiamo tutti nel nostro sangue. Anche i più viscidi padroni.

Un altro sistema di violenza che dovrebbe esser preso in esame dalla causa ambientale, ma in realtà non viene mai neanche considerato, è quello dello *specismo*. Lo sfruttamento ingiustificato delle specie animali non umane va di pari passo con quello delle specie vegetali, e la lotta a uno di essi non può esistere senza quella all'altro.

Anche questa causa, però, è, per i motivi precedentemente citati, destinata a morire in acque stagnanti.

Dalla rivoluzione rinascimentale si è diffusa sempre di più l'idea della supremazia umana sugli animali non umani, e chi più del capitalismo l'ha resa il suo braccio di forza?

Il sistema si nutre della linfa vitale di chiunque non possa contribuire al suo sviluppo cancerogeno, e siccome il *Capitale* può essere prodotto solo da uomini, ne deriva che gli altri animali siano buoni solo per essere asserviti alla sua produzione. Altrimenti sono assolutamente inutili.

Capite bene, quindi, che <u>smantellare la rete specista vorrebbe dire combattere il capitalismo, di conseguenza il colonialismo e l'imperialismo, e conseguentemente ancora il razzismo</u>.

Ecco perché l'*eco pessimismo*, perché l'abbandono di una futile e imbarazzante speranza.

Perché questa è *contro natura*, in tutto e per tutto.

Le specie animali, umane e non, sarebbero capaci di adattarsi ai cambiamenti climatici se questi fossero frutto di istanze naturali; ma derivando dall'introduzione manuale di corpi estranei e artificiali, la concatenazione evolutiva tra specie si scioglie, ed ecco che siamo destinati a morire schiacciati dal crollo ecologico.

La relazione viscerale tra eco pessimismo e anarco nichilismo trova la sua perfetta sintesi in *Desert (2011)*, scritto di un autore anonimo che, a distanza di quasi 15 anni, viene ancora considerato la seconda pietra miliare del nichilismo anarchico dopo *Blessed is the flame*.

Siamo destinati alla distruzione, all'*Armageddon ambientale*.

Se dobbiamo morire sotto di questo, in nome di una crescita infinita irrealizzabile, allora facciamolo ma rendendo concreta questa crescita: quella della *consapevolezza* e della *lotta, dell'amore tra simili.*

Illegalismo

Concludo il capitolo *Influenze sull'anarco nichilismo* con quella che può essere considerata più una tendenza, un'attitudine, che un'ideologia, un movimento, in sé.

Data la natura volutamente libera e senza prassi dell'*anarco nichilismo*, l'influenza su questo esercitata dall'*illegalismo* è alta, ma ho ritenuto più corretto inserirlo in ultima battuta, piuttosto che in prima, perché più facilmente comprensibile, se in primis dotati di un *background* ideologico d'influenza generico, ma esaustivo. Allo stesso modo non ho dedicato una sezione apposita all'*anarco individualismo*, di cui l'*anarco nichilismo* viene considerato dai più una forma, perché perfettamente identificabile con l'*egoismo stirneriano*, con cui è visceralmente legato.

L'*illegalismo* è una tendenza che trova le sue radici circa nel periodo della *Prima Internazionale (1864-1876)*, principalmente in aree come Svizzera, Francia e Belgio.
Principalmente influenzato dal pensiero stirneriano, e quindi considerato una branca dell'*anarco individualismo* (dunque spesso rifiutato dalle correnti collettiviste), l'*illegalismo* trova la sua prassi in qualsiasi tipo di attività illecita e illegale; partendo dalla considerazione della legge che elabora *Stirner* (che potete trovare da pag. 61), gli anarco illegalisti rifiutano essa, la società in cui è inserita e qualsiasi norma civile in quanto simbolo di un *Potere* più alto e oppressivo, e portano avanti attività criminali, come, principalmente, il furto.
Gli anarco illegalisti sono criminali, ma non ogni criminale è anarco illegalista.
Nonostante non sia sempre il caso, comprendete quindi perché l'*illegalismo* sia generalmente considerato una tendenza dell'*anarco individualismo*: il perseguimento di azioni criminose non volge ad una liberazione collettiva o un cambiamento radicale del sistema che emana il *Diritto*, ma è semplicemente un modo di dimostrarsi ostili e far agire liberamente il proprio Io.

Il rifiuto delle regole legali e civili deriva inoltre da una messa in discussione della moralità, argomento che abbiamo abbondantemente trattato nel corso di questo scritto. *Nietzsche* insisté molto su come l'Azione non sia in sé morale, ma resa tale perché giudicata tramite un pregiudizio morale.

Nonostante l'*illegalismo* derivi da principi comuni a non poche ideologie di estrema sinistra (rifiuto delle autorità illegittime, mancanza di gerarchie e strutture organizzate, considerazione della legge statale come uno strumento oppressivo che limita la libertà individuale e in fin dei conti è solo relativo, ecc.), non mancano critiche. Se per i socialisti gli illegalisti sono figure negative, in quanto semplicemente commettono egoisticamente crimini al posto di provare a costruire condizioni di vita migliori per tutti (gli illegalisti sono anche contro il lavoro salariato), per gli stessi anarco individualisti (non tutti) questi sono disprezzabili perché nel loro predicare la libertà individuale invadono quella altrui, mancando di rispetto alla dimensione privata e del lavoro di altri individui pari a loro.

L'emblema dell'*anarco illegalismo* è sicuramente stata la *Banda Bonnot*, gruppo anarchico attivo in Francia e Belgio tra il 1911 e il 1912. Veniva identificato come un gruppo anarco individualista/illegalista, ma al suo interno c'erano sia anarchici veri e propri, che semplici criminali.
Ispirandosi principalmente a *Max Stirner, Friedrich Nietzsche* e *Pierre-Joseph Proudhon*, la banda operava appositamente in pieno giorno per spaventare la società capitalista, ma ciò portò presto al suo declino; commisero molti furti a danni degli industriali e a causa di ciò molti membri vennero condannati a morte.
Ma vi basti osservare il *Progetto Mayhem* del famosissimo *Fight Club* (1996/1999) (84) per capire meglio di cosa stiamo parlando.

L'*anarco illegalismo* ha quindi un ruolo non ignorabile nella sfera d'influenza sull'anarco nichilismo (nonostante sia stata l'idea di *Nietzsche* a influenzare il primo), anche se non in modo arbitrario. *Non ogni anarco nichilista infatti è strettamente illegalista*, ma molti sicuramente non negano l'idea del perseguimento del crimine, ma per lo più per scopi di bene.

Stirner stesso, infatti, nonostante appoggiasse l'attività criminosa, insisteva sul rispetto di ogni egoista verso l'altro: rubare indiscriminatamente qualsiasi cosa per un puro soddisfacimento egoistico è prassi in realtà lontana da quella del pensatore bavarese. L'anarco nichilista tende quindi ad accettare il crimine nel momento in cui non vada a danno di altri cittadini onesti, ma piuttosto delle figure istituzionali emblematiche del sistema: si punta a rubare alle grandi catene e non in piccoli negozi, così come si cerca principalmente di accaparrarsi beni di prima necessità, anche per la ridistribuzione popolare.

Perché *quando la legalità non è altro che il diritto del più forte, <u>diventare fuorilegge è un dovere.</u>*

L'*illegalismo* è quindi una tendenza che può essere presa in prestito da qualsiasi corrente analizzata in questo capitolo, ma ho ritenuto più appropriato inserirla in via di chiusura perché sicuramente più comprensibile con uno sfondo ideologico prestabilito.

Nonostante questa, come le precedenti, sia sempre rimasta un'attitudine minoritaria, non è impossibile trovare esempi di personaggi storici che hanno dedicato la propria vita a rifarsi a esse, anche di spicco.

"L'anarchia è per me un mezzo per giungere alla realizzazione dell'individuo; e non l'individuo un mezzo per la realizzazione di quella. Se così fosse anche l'anarchia sarebbe un fantasma. Se i deboli sognano l'anarchia per un fine sociale; i forti praticano l'anarchia come un mezzo d'individuazione."

-Renzo Novatore, I canti del meriggio

Capitolo 3

Anarco nichilisti nella storia

Per lo stesso motivo per cui non è mai stato delineato, ufficialmente, un vero e proprio quadro generale dell'anarco nichilismo, è difficile trovare, nel corso della storia, degli esponenti anarco nichilisti veri e propri.
Tuttavia, non è impossibile: così, con qualche ricerca, si può risalire a personaggi che, anche se non sempre propriamente parte di essa, sono riusciti a dare il loro importante contributo alla corrente.

Renzo Novatore

Renzo Novatore, pseudonimo di *Abele Ricieri Ferrari (1890-1922)*, è stato un anarchico, poeta e filosofo italiano.
Spesso nascosto sotto mentite spoglie anche come "*Mario Ferrento*", "*Andrea Del Ferro*", "*Sibilla Vane*", "*Giovanni Governato*" e "*Brunetta l'Incendiaria*", si definiva *anarco individualista*. Tuttavia, è probabilmente la figura più di riferimento nell'*anarco nichilismo* per la frequenza con cui la filosofia tipicamente nietzscheana è stata presente non solo nei suoi scritti, quanto nella sua vita.

Influenzato soprattutto da *Max Stirner, Friedrich Nietzsche, Oscar Wilde, Arthur Schopenhauer* e *Charles Baudelaire*, e antifascista di ferro sin dagli albori dell'ideale mussoliniano, *Novatore* fu non solo di grande spicco nelle lotte operaie del biennio rosso a La Spezia, ma fu anche spesso coinvolto in azioni criminali (principalmente rapine).
Non è certa la sua posizione come illegalista, in quanto il suo legame ad una visione anarco nichilista delle cose è ovvio ma mai stato esplicitamente dichiarato (come detto, si è limitato all'*anarco*

individualismo, dichiarazione molto generica), ma possiamo essere abbastanza sicuri che avesse qualcosa a che farci.

Soprannominato "*il soldato del sogno*", il suo fu un *anarco individualismo* molto radicale, che spesso lo portò in contrasto con altri esponenti anarchici del tempo, e a contestare personalità come addirittura *Errico Malatesta*:
"*Le masse che sembrano adoratrici di Errico Malatesta sono vili e impotenti. Il governo e la borghesia lo sanno e sogghignano.*".

La sua visione nichilistica della lotta politica si instaurò nel suo pensiero soprattutto a partire dal 1919, dopo cui iniziò ad essere sfiducioso soprattutto nei confronti del popolo, probabilmente fagocitato dalla manipolazione capitalistica.
Da qui una radicale critica anche nei confronti dei movimenti collettivisti:
"*Io so, noi sappiamo, che cento uomini - degni di questo nome - potrebbero fare quello che cinquecentomila "organizzati" incoscienti non sono e non saranno mai capaci di fare.*".

La citazione che precede *Capitolo 1. Anarchia e nichilismo: la dimensione politica* è di *Renzo Novatore*, in *Iconoclasta!*.
Iconoclasta è la parola chiave per comprendere il pensiero di questo filosofo unico.
"*L'iconoclastia o iconoclasmo (dal greco εἰκών - eikòn, "immagine" e κλάω - kláō, "rompo") è stato un movimento di carattere religioso sviluppatosi nell'impero bizantino intorno alla prima metà del secolo VIII. La base dottrinale di questo movimento fu l'affermazione che la venerazione delle icone spesso sfociasse in una forma di idolatria, detta "iconodulia". (...)*
Il termine "iconoclastia" venne poi usato più in generale per indicare altre forme di lotta contro il culto di immagini in altre epoche e religioni o correnti religiose. (...)
In senso figurato, l'iconoclastia indica un'opposizione spregiudicata e violenta verso le convenzioni, le ideologie e i principi comunemente accettati dalla società. (85)".
Novatore fu sempre in prima linea come oppositore a qualsiasi tipo di attitudine dottrinale; sempre in *Iconoclasta!*:

"*L'individualismo com'io lo sento, lo comprendo e lo intendo, non ha per fine né il Socialismo, né il Comunismo, né l'Umanità. L'individualismo ha per fine sé stesso.*".

L'unica cosa che importa, secondo *Novatore*, è la *libera e assoluta realizzazione del sé*:

"*Nella vita io cerco la gioia dello spirito e la lussuriosa voluttà dell'istinto. E non m'importa sapere se queste abbiano le loro radici perverse entro la caverna del bene o entro i vorticosi abissi del male. Nessun avvenire e nessuna umanità, nessun comunismo e nessuna anarchia valgono il sacrificio della mia vita. Dal giorno che mi sono scoperto ho considerato me stesso come meta suprema. (86)*"

Nonostante questa sua opposizione ai movimenti politici, riteneva fondamentale schierarsi e agire, anche se senza speranza, e così spese tutta la sua vita all'insegna della lotta antifascista e anticapitalista.

Così il suo *individualismo iconoclasta* è stato centrale nella sua vita, con un significato ben specifico:

"*L'anarchico è solo colui che dopo una lunga, affannosa e disperata ricerca ha trovato sé stesso e si è posto, sdegnoso e superbo "sui margini della società", negando a qualsiasi il diritto di giudicarlo. (87)*".

E poi:

"*Individualista è colui che attraverso le tempeste furenti della vita ed i turbinosi uragani del pensiero ha saputo sacrilega-mente svincolarsi dai vischiosi tentacoli di ogni dogmatico fantasma che l'umana superstizione ha partorito per poscia consacrarlo e far soggiacere sotto le sue zampe fangose la vera personalità sempre Unica in origine come nello sviluppo e nel fine. (88)*".

Novatore riteneva che un anarchico, prima di tutto, sperimenta in prima persona, nella normale quotidianità, il rifiuto di ogni autorità. L'*anarchia iconoclasta* è per *Novatore* «*un modo speciale di sentire la vita*», poiché colloca la propria individualità oltre ogni Stato, ogni sistema di governo, ogni convenzione sociale, ogni imposizione calata gerarchicamente dall'alto. (89) Per questo, la sua lotta fu indistintamente non solo contro fascisti, Chiesa e borghesia, ma anche contro i socialisti, contro cui si espresse criticamente in "*Il mio individualismo iconoclasta*" (1920).

Questo suo pensiero, esteso anche alla Russia bolscevica, viene approfondito in *"Verso il Nulla creatore" (1924)*.

Sono tante le citazioni nel corso dei suoi scritti che testimoniano la sua totale ribellione al *Mondo*, il suo non voler sviluppare *"un pensiero o una teoria"* ma semplicemente esprimere *"uno stato d'animo, un modo particolare di sentire. (90)"*, ma quella quintessenziale della sua brillante, inimitabile, considerazione umana è una:

"Sono individualista perché anarchico, e sono anarchico perché sono nichilista. Ma anche il nichilismo lo intendo a modo mio… Non mi occupo di sapere se esso sia nordico od orientale, né se abbia o non abbia una tradizione storica, politica, pratica o teorica, filosofica, spirituale od intellettuale. Mi dico nichilista solo perché so che nichilismo vuol dire negazione! Negazione di ogni società, di ogni culto, di ogni regola e di ogni religione. Ma non agogno al Nirvana come non anelo al pessimismo disperato ed impotente dello Schopenhauer, che è qualche cosa di peggio della stessa rinnegazione violenta della vita. Il mio, è un pessimismo entusiasta e dionisiaco come le fiamme che incendiano la mia esuberanza vitale, che irride a qualsiasi prigione teoretica, scientifica e morale. E se mi dico anarchico individualista, iconoclasta e nichilista, è appunto perché credo che in questi aggettivi siavi l'espressione massima e completa della mia volitiva e scapigliata individualità, che, come un fiume straripante, vuole espandersi impetuosamente travolgendo argini e siepi, fintanto che, urtando in un granitico masso, s'infranga e si disperda a sua volta. Io non rinnego la vita. La sublimo e la canto. (91)".

CCF (Cospirazione delle Cellule di Fuoco)

La *Cospirazione delle Cellule di Fuoco* (greco: Συνωμοσία των Πυρήνων της Φωτιάς, *Synomosía Pyrínon Tis Fotiás, CCF*) è un insieme di cellule terroristiche e sovversive anarco-insurrezionaliste attivo in Grecia (92). Formatosi nel 2008, vive di attentati, attacchi incendiari, sparatorie, sabotaggi e atti di vandalismo in generale. Nello specifico, è emerso il 21 gennaio 2008, con un'ondata di 11 attentati incendiari contro concessionarie di auto di lusso e banche ad Atene e Salonicco. A seguito di un'escalation nell'uso di bombe a orologeria, diversi membri vennero arrestati nel 2009 e, nuovamente, nel 2010, per un tentativo di inviare pacchi bomba alle ambasciate, leader e organizzazioni dell'Unione Europea.

Come dalla *CCF* testualmente espresso, il loro vuole rappresentare un "terzo polo" del pensiero anarchico in Grecia, l'*anarco-individualismo*, contrapponendolo all'*anarchismo sociale* e all'*anarchismo insurrezionale* (93). Il motivo dietro la loro estrema guerriglia urbana è quindi la *lotta anticapitalista*.
La loro posizione è estremamente chiara:
"*Siamo anarchici di prassi. Le idee e le teorie che non osano diventare pratiche, continuano ad essere chiacchiere codarde alimentate da scuse e coscienze inattive. Non ci stanno perseguendo penalmente semplicemente per alcune pulite teorie anarchiche impresse in un pezzo di carta, ma per la nostra SCELTA di cui parlano le nostre idee anche per mezzo della fiamma che incendia la miccia dello stoppino che abbraccia la molotov, della canna di un'arma ancora calda...* (94)".
Sempre su *athens.indymedia.org* ha dichiarato:
"*La CCF si identifica con la tendenza insurrezionalista, anarchica-individualista e anti-sociale dell'Anarchia e non ha niente a che vedere con l'anarco-sindacalismo né con le impostazioni anarchiche sociali ortodosse e antiquate della "specializzazione" in Grecia.* (95)".

I membri stessi, tuttavia, si dichiarano parte di un'organizzazione *anarco nichilista*, in quanto "*odiano sia la mano che sostiene la frusta come la schiena che la sopporta*" e volti ad annichilire "*tutti i valori della*

civilizzazione... la dittatura dell'economia... l'urbanesimo autoritario... il saccheggio della natura e lo sfruttamento degli animali... le posizioni dogmatiche e la religione degli scienziati (96)". I membri specificano inoltre come la loro non sia un'organizzazione gerarchica, anzi: la CCF rifiuta categoricamente il concetto di lotta di classe e l'attesa della rivoluzione, per focalizzarsi una totale realizzazione del sé qui e ora, tramite la lotta immediata allo Stato e le sue rappresentazioni indirette.
Questo perché, come esplicitamente dichiarato dalla CCF:
"L'anarco-nichilismo combina la propaganda delle parole con la propaganda delle sparatorie, del fuoco, della dinamite. La sua dinamica è forgiata sull'incudine delle azioni dove coscienza ed esperienza si incontrano in una danza senza fine e non sulle tastiere del mondo digitale dell'annotazione (97).".
Nonostante l'interpretazione della CCF di propaganda delle sparatorie, del fuoco della dinamite sia letterale, è chiara la sua impostazione simbolica, che fa riferimento ad un'azione immediata, presente, fugace, capace di bruciare qui e ora perché accesa dalla mano umana in rivolta, non da qualche forza metafisica un giorno lontano.

Infine, la CCF è anche l'emblema del legame viscerale tra *anarco nichilismo* ed *eco pessimismo*:
"Viviamo in gabbie di cemento che chiamiamo appartamenti. Camminiamo tra estranei. Le autostrade sono le vene di un sistema dove persone, merci e denaro circolano insieme, tutti mescolati. Tutti quelli in nome del profitto. Abbiamo intrattenimento di massa con sostituti tecnologici. Comunichiamo tramite tastiere. Ci innamoriamo attraverso gli schermi. Desideriamo attraverso le vetrine. La cosa divertente è che l'uomo una volta pensava che con la rivoluzione tecnologica si sarebbe liberato. Ma, di fatto, la loro rivoluzione tecnologica ha messo nuove catene di velluto, catene tecnologiche. La nostra stessa vita, se ci fate caso, è quotidianamente avvelenata dalla plastica alimentare, dai gas di combustione, dalla radioattività, dalle malattie di laboratorio, dai farmaci. Allo stesso tempo, la ricchezza naturale, le foreste, vengono distrutte, bruciate, abbattute per diventare complessi residenziali, autostrade o grandi magazzini. La nostra stessa esistenza, la nostra individualità, poiché parliamo di tecnologia, viene violata dalla tecnopolizia. I nostri movimenti vengono registrati attraverso

gli occhi della telecamera elettronica. Le nostre abitudini, i nostri desideri, i nostri gusti, i nostri hobby, sono archiviati sui dischi rigidi, sulle carte di credito, su internet, in un enorme data warehouse in cui ci ritroviamo. Queste sono le conquiste della tecnologia. Gli animali vengono catturati e uccisi, sia nel contesto di esperimenti di laboratorio sullo sviluppo tecnologico o, peggio ancora, sulle scelte estetiche umane. Cioè si trasformano in borse, scarpe e vestiti. Tutto ciò dimostra che la cosiddetta qualità – perché i difensori della tecnologia e del complesso industriale sottolineano che tutto ciò ha offerto la qualità della vita – deve ormai schiacciare ogni altra forma di vita, in nome del nuovo uomo-dio. Cioè, _tutto ciò che accade oggi è uno sforzo umano catastrofico contro tutto ciò che non è umano. Contro tutto il pianeta Terra._ (98)".

Kaneko Fumiko

Condannata per aver complottato per assassinare membri della famiglia imperiale giapponese, Kaneko Fumiko (1903-1926) è stata un'anarchica e nichilista giapponese.

Nonostante avesse una buona considerazione dell'ideale socialista, preferì una strada anarchica e nichilista.
Come disse nel 1925:
"In precedenza dicevo 'nego la vita'... [ma] la mia negazione di tutta la vita era completamente priva di significato... Più forte è l'affermazione della vita, più forte è la creazione della vita: negazione insieme alla ribellione. Pertanto, affermo la vita". (...) "Vivere non è sinonimo di avere semplicemente movimento. È muoversi secondo la propria volontà... si potrebbe dire che con le azioni si comincia a vivere veramente. Di conseguenza, quando ci si muove per mezzo della propria volontà e questo porta alla distruzione del proprio corpo, questa non è una negazione della vita. È un'affermazione (99).".

Il suo rifiuto del nazionalismo e dell'imperialismo giapponese, derivato dalla sua esperienza non solo in Giappone ma anche in Corea, ma accompagnato da una considerazione pessimistica della rivoluzione, indirizzarono Fumiko verso l'anarchismo. Nella sua testimonianza al processo spiegò che *"pensarono di lanciare una bomba [all'imperatore] per dimostrare che anche lui sarebbe morto come qualsiasi altro essere umano"* e rifiutarono *"i concetti di lealtà all'imperatore e amore per la nazione"* come *"semplici nozioni retoriche che vengono manipolate dal piccolo gruppo di classi privilegiate per soddisfare la propria avidità e i propri interessi* (100)."*.
Il concetto di *"lealtà all'imperatore"*, per Funeko, non si applicava soltanto alla realtà imperiale giapponese: il motivo per cui scelse l'anarchismo piuttosto che il socialismo fu proprio l'osservazione degli altri gruppi rivoluzionari, che nella volontà di ribaltare i rapporti di predicazione del potere risultavano comunque assoggettati ad un leader. Così qualsiasi capo iniziò ad esser considerato in accezione negativa dalla giovane giapponese. La sua figura spicca all'interno del panorama

di sinistra anche per la sua *critica al machismo presente negli ambienti che si professavano socialisti*, confermando la sua idea che "*[rivoluzione] significa semplicemente sostituire un'autorità con un'altra*".
E poiché credeva che *nessun sistema di autorità potesse o volesse funzionare senza oppressione*, è logico che alla fine abbia diretto le sue attività verso l'abolizione di ogni autorità. Sebbene credesse, in linea con il pensiero nichilista, che non fosse possibile curare i mali del mondo, le sue azioni come anarchica riflettono la sua convinzione che "*anche se non possiamo abbracciare alcun ideale sociale, ognuno di noi può trovare un compito che sia veramente significativo per noi. Non importa se le nostre attività producono risultati significativi o meno... questo ci consentirebbe di portare le nostre vite immediatamente in armonia con la nostra esistenza* (101).".

Aragorn!

Aragorn! è un autore contemporaneo che parla di anarchismo.
La sua opera sicuramente più nota è "*Nihilism, Anarchy, and the 21st century*", dei primi anni 2000.

Lo scritto tratta di storia, in particolare di quella del nichilismo russo, e del rapporto tra *socialismo-anarchismo-nichilismo*.

Dopo aver premesso, in *Capitolo 1: Storia del nichilismo russo*, che:
"*Il nichilismo non è mai stato un corpo di pensiero singolare, e nemmeno particolarmente disciplinato. Ciò è attribuibile alla realtà a) che i principali filosofi nichilisti (Chernyshevsky e Pisarev) non hanno mai ricoperto incarichi accademici, b) che l'editoria è stata pesantemente censurata sotto lo zar o, come è molto probabile, c) alla natura stessa del nichilismo. Il nichilismo non ha mai avuto abbastanza slancio, abbastanza tempo o le giuste condizioni per diventare una filosofia matura. Ciò ha comportato un'approssimazione a un corpo di idee piuttosto che a un corpo di idee. Sebbene siano state assunte posizioni forti lungo diverse linee teoriche, nessuna è stata sviluppata nel metodo generazionale necessario affinché queste idee conservassero una presa storica. Mentre le scienze naturali erano viste come lo strumento intellettuale più potente, nel campo dell'estetica venivano fatti commenti più nichilisti, legati al principio di oscurità. Il principio di oscurità afferma che in tempi di repressione il commento sociale più convincente avviene nel veicolo della finzione, dove la tua intenzione è "oscurata" perché sembra che tu stia parlando di qualcosa di completamente diverso da quello che sei. Nel caso dei nichilisti, l'arte era un anatema perché aggregava sentimentalismo, emotività, irrazionalismo, spiritualismo ed era uno spreco di risorse. Ciò oscurava il fatto che i nichilisti in realtà parlavano dei valori dell'ordine attuale incorporati nel veicolo dell'arte, ma questa connessione non poteva essere fatta più chiaramente in un contesto di censura. (102)*",

continua con l'inizio di *Capitolo 2: Cos'è la sinistra? Nichilismo vs Socialismo:*

"*La storia del socialismo è una nobile tradizione. È stato un epiteto usato dai tiranni per maledire i loro nemici e una bandiera con cui i lavoratori hanno trasformato il loro posto di lavoro e le società in cui vivevano. Quasi ogni storia che sentiamo che coinvolge qualcuno che si oppone all'autorità coinvolge il socialismo. È la storia coraggiosa di individui e gruppi che hanno tentato di trasformare lo status quo del loro tempo contro probabilità schiaccianti. Il socialismo ha cambiato le aspettative delle persone riguardo ai diritti, all'equità, al lavoro e al tipo di leadership che dovrebbero aspettarsi.*

Da un lato, il socialismo ha completamente trasformato la società negli ultimi 200 anni. Oltre alle rivoluzioni che hanno avuto un certo successo in varie parti del mondo sotto la bandiera socialista, al socialismo può essere direttamente attribuita l'esistenza di sindacati che difendono i diritti dei lavoratori, un sistema educativo universale nella maggior parte del mondo, un sistema sanitario generale sistema sanitario (soprattutto in molti paesi occidentali) e un sistema che ibrida elementi di protezionismo statale e capitalismo laissez-faire. D'altra parte, il socialismo è stato un fallimento totale. Il socialismo non ha mai usurpato il capitalismo, in modo significativo e duraturo, come sistema economico. La maggior parte dei sistemi di assistenza socializzati bilanciano la crudeltà della negligenza benigna con l'indifferenza della coda. Anche il socialismo bibliotecario si occupa principalmente di guardarsi l'ombelico, della cacofonia della folla o dell'egoismo dell'individuo. Il socialismo è servito meglio come correttivo ad un sistema mondiale che come trasformazione di un sistema in un altro. (103)".

"*La concezione nichilista della storia non era progressista. L'opposizione del nichilista allo Stato è solo un caso speciale della sua opposizione a quasi tutto: la famiglia, l'arte tradizionale, la cultura borghese, le persone di mezza età agiate, la monarchia britannica, ecc. e non è orientata alla loro formulazione di come per realizzare un mondo migliore. In pratica c'erano molti nichilisti che forse desideravano una società comunitaria antistatalista, ma non vedevano particolarmente la loro resistenza al regime legata a questo desiderio.*
(...)

Il socialismo continuerà ad avere i suoi aderenti, attratti dalla sua prospettiva storica, dalla sua prospettiva democratica di inclusione e partecipazione, e dal suo apparente dominio nel campo della contestazione sociale. La sua critica al nichilismo inizia con la posizione di profonda repulsione per la sua prospettiva e pratica umanista. Se dovessimo rivedere la storia del socialismo, vedremmo che il rifiuto dell'umanesimo non è necessario per infliggere orrori involontari a persone realmente viventi. Se c'è una lezione da imparare dall'Unione Sovietica, dalla Repubblica popolare cinese o dai Khmer rossi è che le buone intenzioni e la pratica del materialismo storico possono impilare sia i corpi che i sistemi a cui si oppongono.

(...)

Ciò che il nichilismo fornisce quindi è un'alternativa che non incorpora un'immagine idealistica del nuovo mondo che creerebbe. Non è un progetto idealista. Il nichilismo afferma che non è utile parlare della società che "ti tieni nello stomaco", delle cose che faresti "se solo avessi il potere", o della visione che credi che tutti condividiamo. Ciò che è utile è la negazione del mondo esistente. Il nichilismo è la filosofia politica che inizia con la negazione di questo mondo. Ciò che esiste oltre quelle porte deve ancora essere scritto. (104)".

Ad oggi, *Aragorn!* è tra le influenze contemporanee maggiori nell'anarco nichilismo, assieme a *Serafinski, Desert e Flower Bomb.*

"Anarchismo e nichilismo sono due parole familiari ai giovani e ora attraenti per loro. Non credono nella costruzione di una nuova società all'interno del guscio della vecchia. Credono che il vecchio debba essere prima distrutto. Questo è il nichilismo.

-Dorothy Day

Conclusione

Come esplicitamente spiegato in *Premessa* (pag. 6), questo testo è un *manifesto* da intendere come *tentativo di offrire una panoramica generale più organizzata di un'idea spesso difficilmente comprensibile e assimilabile proprio per il suo carattere volutamente vago e disordinato,* <u>non</u> come *guida dottrinale*.

L'interpretazione, dunque, è aperta a tutto e tutti.

Non che importi, comunque.

<u>*Siamo spacciati in ogni caso.*</u>

*Embrace the void
and have the courage to exist.*

-Dan Howell

Bibliografia

1: https://languages.oup.com/google-dictionary-it/
2: https://it.m.wikipedia.org/wiki/Manifesto
3: https://www.treccani.it/vocabolario/anarchia/
4: Id.
5: https://it.m.wikipedia.org/wiki/Anarchia
6: https://www.treccani.it/vocabolario/crazia_res-f554a859-0016-11de-9d89-0016357eee51/
7: Id.
8:
https://it.scribd.com/document/325497224/48884177-John-Zerzan-Futuro-Primitivo-Edizioni-
Nautilus-ITA-pdf
9:
https://elearning15.unibg.it/pluginfile.php/393645/mod_folder/content/0/3.Arendt-Le%20origi
ni%20del%20totalitarismo.pdf?forcedownload=1
10: https://languages.oup.com/google-dictionary-it/
11: https://www.treccani.it/enciclopedia/nichilismo_
12: https://it.m.wikipedia.org/wiki/Nichilismo
13: https://it.m.wikipedia.org/wiki/Nichilismo#Storia_del_nulla
14: Id.
15: https://www.rai.it/dl/doc/2018/12/19/1545232553411_turgenev_padri_e_figli.pdf
16: https://www.academia.edu/13265830/Franco_Volpi_Il_Nichilismo
17:
https://www.famigliafideus.com/wp-content/uploads/2021/11/UMANO-TROPPO-UMANO-Fri
ederich-Nietzsche.pdf
18:
https://www.famigliafideus.com/wp-content/uploads/2021/11/ECCE-HOMO-Friedrich-Nietzsc
he.pdf
19:
http://enricia.altervista.org/Newton/5a/Nietzsche_La-nascita-della-tragedia.pdf 20:
https://www.famigliafideus.com/wp-content/uploads/2021/11/LA-GAIA-SCIENZA-Friedrich-Ni
etzsche.pdf
21: https://pinobertelli.it/wp-content/uploads/2017/01/nietzsche_cosi_parlo.pdf
21: Frammenti postumi (1887-1888), Friedrich Nietzsche.
22: Id.
23: Id.
24: Id.
25: Id
26: Id.
27: Al di là del bene e del male, Friedrich Nietzsche, Parte 4 Aforisma 73.
28: Frammenti postumi (1885-1887), Friedrich Nietzsche.
29: https://www.treccani.it/enciclopedia/anarco-nichilista_
30:
https://drive.google.com/file/d/1W2XeTSWa39KaQYWZKGdc126THuA25-L6/view?usp=driv
esdk
31: https://theanarchistlibrary.org/library/serafinski-blessed-is-the-flame

*32: https://www.treccani.it/enciclopedia/anarco-nichilista_*

33: https://www.ugomariatassinari.it/download/Materiali/la-gioia-armata.pdf

34:
https://drive.google.com/file/d/1W2XeTSWa39KaQYWZKGdc126THuA25-L6/view?usp=driv
esdk

35: Id.

36: https://www.academia.edu/13265830/Franco_Volpi_Il_Nichilismo

37: https://theanarchistlibrary.org/library/serafinski-blessed-is-the-flame

38: Id.

39: Id.

40: Id.

41: Attentat.

42: https://theanarchistlibrary.org/library/serafinski-blessed-is-the-flame

43: Bæden Vol. I 66, 43, 44, 55

44: https://theanarchistlibrary.org/library/serafinski-blessed-is-the-flame

45: A Conversation Between Anarchists

46: https://theanarchistlibrary.org/library/serafinski-blessed-is-the-flame

47: 325 : An Insurgent Zine of Social War and Anarchy 25

48: A Conversation Between Anarchists

49: https://theanarchistlibrary.org/library/serafinski-blessed-is-the-flame#toc12

50: Cruel optimism, Lauren Berlant

51: https://theanarchistlibrary.org/library/serafinski-blessed-is-the-flame

52: Attentat.

53: https://theanarchistlibrary.org/library/serafinski-blessed-is-the-flame

54: Id.

55: Id.

56:
https://drive.google.com/file/d/1W2XeTSWa39KaQYWZKGdc126THuA25-L6/view?usp=driv
esdk

57: Al di là del bene e del male, Friedrich Nietzsche, Parte 1 Aforisma 1.

58: Id. Parte 1 Aforisma 5.

59: Id. Parte 1 Aforisma 6.

60: Id. Parte 1 Aforisma 12.

61: Id. Parte 1 Aforisma 16.

62: Id. Parte 1 Aforisma 20.

63: Id. Parte 1 Aforisma 21.

64: Id. Parte 1 Aforisma 23.

65: Id. Parte 2 Aforisma 24.

66: Id. Parte 2 Aforisma 25.

67: Id.

68: Id. Parte 4 Aforisma 157.

69: Id. Parte 4 Aforisma 177.

70: Id. Parte 7 Aforisma 221.

71: https://www.treccani.it/vocabolario/pessimismo/

72: https://it.m.wikipedia.org/wiki/Pessimismo

73:Arthur Schopenhauer, Il mondo come volontà e rappresentazione.

74: https://it.m.wikipedia.org/wiki/Philipp_Mainl%C3%A4nder

75: Id.

76: *Max Stirner, L'Unico e la sua proprietà.*
77: *Id.*
78: *Mao Tse-Tung, Il Libretto Rosso.*
79: *https://it.m.wikipedia.org/wiki/Max_Stirner*
80: *Break-Out From the Crystal Palace: The Anarcho-Psychological Critique: Stirner, Nietzsche, Dostoevsky.*
81: *Id.*
82: *Max Stirner, L'Unico e la sua proprietà.*
83: *https://theanarchistlibrary.org/library/serafinski-blessed-is-the-flame*
84: *Chuck Palahniuk/David Fincher.*
85: *https://it.m.wikipedia.org/wiki/Iconoclastia*
86: *Al di sopra delle due anarchie, su Vertice, La Spezia, 21 aprile 1921*
87: *I fiori selvaggi, in Cronaca libertaria, 1917*
88: *Per trovare la fine, in Iconoclasta!*
89: *https://www.anarcopedia.org/index.php/Renzo_Novatore*
90: *Al di sopra delle due anarchie, su Vertice, La Spezia, 21 aprile 1921*
91: *Anch'io sono nichilista, su Nichilismo, 21 maggio 1920*
92: *https://it.m.wikipedia.org/wiki/Cospirazione_delle_cellule_di_fuoco*
93: *https://athens.indymedia.org/post/1171853/*
94: *athens.indymedia.org*
95. *Id.*
96: *https://web.archive.org/web/20140831110610/https://325.nostate.net/wp-content/uploads/2012/11/ITA-conversazione-tra-anarchici.pdf*
97: *https://theanarchistlibrary.org/library/conspiracy-of-cells-of-fire-communization-the-senile-decay-of-anarchy*
98: *https://theanarchistlibrary.org/library/ccf-on-the-question-of-technology*
99: *Le donne traditrici del Giappone imperiale: finzioni patriarcali, fantasie patricide.*
100: *Hane, Mikiso , a cura di (1993). Riflessioni sulla via del patibolo: donne ribelli nel Giappone prebellico.*
101: *Id; https://en.m.wikipedia.org/wiki/Kaneko_Fumiko.*
102: *https://theanarchistlibrary.org/library/aragorn-nihilism-anarchy-and-the-21st-century*
103: *Id.*